LES

DEUX OCÉANS

Bruxelles. – Imprimerie de A. Lacroix et C.,
56, rue de la Fourche.

LES
DEUX OCÉANS

PAR

J. ARAGO

AUTEUR DES SOUVENIRS D'UN AVEUGLE

———

TOME SECOND.

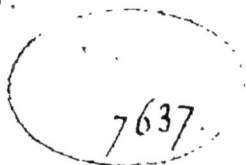

COLLECTION HETZEL.

— — —

BRUXELLES ET LEIPZIG,

KIESSLING, SCHNÉE ET Cie, LIBRAIRES,

RUE VILLA HERMOSA, 1

1854

DEUX OCÉANS.

LES MENDIANTS.

— Leurs mœurs. — Les morts au Chili. —

C'est un noble métier que celui-ci, alors qu'on
'exerce à Valparaiso, à Lima, ou dans toute
grande ville d'Europe et d'outre-mer.

Le mendiant de Castille et le mendiant du
Chili se drapent dans leurs haillons, comme vous
dans vos soieries et dans vos velours chamarrés
l'or. Autant que vous il est insolent dans la
bassesse ; aussi haut que vous il porte la tête et
le regard ; et quand il accepte l'aumône de la
main à la main, il la refuse si vous la lui jetez à
terre, comme sa pâture au dogue... Le mendiant
chilien ne se courbe jamais.

Croyez à ceci, le mendiant espagnol, n'importe sa province, n'importe sa capitale, restera mendiant, quelque fortune qu'il acquière d'ailleurs dans ses pérégrinations. Cela est si beau, une cage pour réduit, de la vermine pour camarade, une pierre pour oreiller, un bâton pour soutien, et la liberté des champs que nul ne songe à lui disputer !

Que faut-il au mendiant pour colorer sa vie? une cape en lambeaux et une plaie saignante.

La plaie du mendiant, c'est là son épaulette, son uniforme; aussi comme il en a soin ! Sa science à lui consiste non pas à guérir, mais à entretenir le mal, à l'augmenter, à lui donner l'aspect le plus menaçant, à le zébrer des nuances les plus équivoques. Il y a dans tout cela de la boue, des larmes, du sang et une bave hideuse et verdâtre, qui vous force, vous étranger, à mettre les doigts dans votre gousset et à laisser tomber la pièce blanche dans la main calleuse et noire.

Vous diriez les mendiants d'ici de la même famille que ceux d'Espagne; vous croyez les avoir vus en bandes serrées dans les rues de Madrid et sous le porche des églises de Barcelone ou de Grenade. Même physionomie, même tête éraillée, même chant monotone et nasillard, même cynisme à l'œil. On les devine sortis de la même école, nourris dans les mêmes principes, façonnés aux mêmes allures.

L'homme dont je vous parle est politique comme Talleyrand, presque autant que Metternich, beaucoup plus que Thiers, et vous allez le juger à la manière dont il demande l'aumône.

La prière qu'il met en usage quand près de lui glisse un Français, il la répudie alors qu'un Anglais ou un Allemand le coudoie.

Au besoin, le mendiant sait exploiter sa haute position sociale, et vous le voyez parfois, mais exceptionnellement, humble, comme s'il n'avait rien à vous demander, comme s'il se doutait que vous irez à lui avant qu'il fasse un pas vers vous. La prunelle du mendiant est plus intelligente que celle du ouistiti.

Celui qui naît pauvre meurt pauvre, quelque riche qu'il se fasse par la ruse, par l'hypocrisie ou ses plaies.

Le mendiant a un état, une profession, un métier ; il vit par lui et pour lui, il peut tenir ses livres en partie double, et je ne serais pas surpris que quelques-uns d'entre eux n'eussent des commis, un caissier ; seulement les drôles ne redoutent pas les faillites, car tout le monde ne peut pas manquer à la fois, et ils se regardent comme les créanciers de tout le monde ; créanciers impitoyables, courant après vous dans la rue, aboyant et hurlant jusqu'au sommet de vos demeures les mieux barricadées, et vous défendant une proie dont ils n'auraient aucune part.

Assistons au petit lever du mendiant; cela est simple et limpide comme celui d'une coquette pur-sang; cela vous ferait rêver de bonheur et de poésie.

Le soleil lance ses obliques rayons dans la chambre ouverte à tous les vents; l'œil du mendiant reçoit la lumière, et l'homme se met à sa toilette.

C'est-à-dire qu'il chasse loin de lui, en s'agitant, les milliers d'insectes qui avaient élu domicile sur sa peau chaude et terreuse.

Ce premier acte accompli, notre Antinoüs se dresse, puis se rassied, puis allonge les bras, puis saisit de la main quelques feuilles vertes, conservées dans un de ses charniers, et prépare ainsi sa recette du jour.

Ces feuilles vertes dont je vous parle, à quel usage va-t-on les employer? Le voici : elles frotteront la plaie saignante, elles laisseront à côté les traces accusatrices d'une gangrène à sa naissance; et comment supposer que la charité soit sourde aux lamentations d'un homme dont l'épaule va être amputée, aux cris et aux contorsions d'une jeune fille dont le sein est dévoré par un mal incurable? Vite, vite, secourez l'infortune, Dieu vous le rendra au centuple.

Ces choses-là, mes amis, regardez-les de loin, de bien loin, si vous ne voulez pas en conserver un triste et douloureux souvenir; car les populations des insectes voraces qui corrompent le cloaque s'élancent par myriades sur la nouvelle proie qui leur est offerte, et le courant d'eau voisin peut seul vous sauver de l'âcreté de leur piqûre.

Que l'homme robuste et sain résiste à ces combats de dix mille contre un, je le comprends encore; mais que l'adolescent, mais que l'enfant au maillot n'y succombent pas, c'est ce que mon imagination ne peut admettre, alors surtout que ma pensée me reporte vers une de ces niches hideuses qu'on trouve, çà et là, dans certains quartiers isolés de Valparaiso ou de la capitale chilienne.

Le nombre des pauvres est ici incalculable, et ils se connaissent ainsi que les enfants de la même mère. Les nouveaux venus au monde sont reçus par la communauté comme une ressource utile à l'appétit des insectes, qui n'ont pas besoin de mendier pour trouver leur pâture quotidienne.

Le mendiant qui sait son métier change souvent de rue, de quartier et même de ville ou de province. Il varie également la forme de ses plaies, il les déloge, et vous n'en trouverez pas un seul dans tout le Chili qui n'ait été aveugle ou muet une douzaine de fois au moins en sa vie.

Je disais un jour à un de mes guides combien j'étais malheureux d'entendre la voix souffreteuse de tant d'aveugles me demander l'aumône.

— Ils voient que vous l'êtes, me répondit-il avec un triste sourire, et ils cherchent à vous attendrir par l'infortune même qui vous a frappé.

« Ils vont se faire bossus, sourds ou boiteux, selon l'infirmité des passants, et c'est ainsi que toutes les bourses, celles des étrangers surtout, s'ouvrent à leur gueuserie politique.

« Je ne sais pas où ces misérables puisent les larmes de chaque jour dont ils arrosent leurs genoux, poursuivit mon interlocuteur. J'ai eu le courage, un certain dimanche, d'étudier un enfant à demi couché sur les marches de *la Maternidad*. Eh bien! je me suis assuré que des larmes réelles, de grosses larmes sont tombées de ses yeux depuis midi jusqu'à l'*Angelus*, c'est-à-dire pendant six heures bien comptées, et que la source d'où elles émanaient n'en semblait nullement épuisée; le lendemain ce fut à recommencer, et je gagerais beaucoup contre peu que mon gaillard joue en ce moment le même rôle. »

Je tins la gageure et je perdis : le mendiant sanglotait à briser le cœur.

De pareils tableaux désapprennent la bienfaisance, et pourtant il est vrai de dire que la misère est grande au Chili, que le gouvernement ne cherche pas à éteindre la mendicité, qu'il la regarde peut-être comme un mal nécessaire, et j'ajoute, moi, qu'il y a trop de prêtres au Chili pour que la charité s'y propage..... Ne vous hâtez pas de me condamner.

Presque toutes les quêtes se font au nom de l'Église, au profit de l'Église, par les desservants de l'Église; et les quêteurs sont si richement vêtus, si coquettement vernis, si grassement pommadés que vous devinez, hélas! que l'aumône s'échappe du tronc pour courir au réfectoire.

Mais, si les prêtres du Chili ne donnent point l'obole au mendiant des rues, ils lui accordent avec une prodigalité merveilleuse les bénédictions et les baisemains. Est-ce là le mot? Non. A Santiago surtout, vous voyez chaque jour, à toute heure, des moines gris, noirs ou blancs cheminer à pas comptés et présenter à la foule prosternée un pan de leur robe, comme on le ferait d'une relique de famille, de l'image adorée d'une mère à la tombe.

N'importe le jour, n'importe l'heure, en été, sous le soleil le plus vertical, en hiver, sous les averses les plus torrentielles, si vous visitez le quartier de Valparaiso qui part du marché pour aboutir au Castillo, vos regards sont effrayés de l'immense quantité de mendiants, hommes, femmes, enfants, nu-tête, çà et là pêle-mêle sur la pierre, sur le sable, dans la boue, et jetant aux passants les exhalaisons putrides des plaies dont leur corps est labouré. Mais, ne croyez pas que de ce cloaque en plein vent s'échappent, accusateurs du destin, des cris de douleur ou des anathèmes ; point, on y chante, on y dort, on y sourit... La pitié s'arrête à l'âme.

On m'a désigné, l'autre jour, un de ces gueux dont l'aspect fait mal à voir, et dont le cynisme révoltant mériterait une sévère correction. Il s'appelle Santiago Caritas.

Le drôle a une plaie large et violacée qui part du menton et s'ondule jusqu'à l'abdomen. Elle grandit avec lui, elle vieillit avec lui, elle vivra plus que lui ; mais ce n'est point par elle qu'il mourra, car il la soigne, car il l'entretient comme on le ferait d'une perfection dont le ciel nous aurait doté.

Il s'appelle *Santiago Caritas* !

Santiago sait que dans telle maison est une femme enceinte, qui se rend à l'église de midi à une heure ; le voilà, lui, installé, plaie béante, à la porte de la dame, dont l'œil effrayé ne peut éviter le hideux tableau ; l'aumône tombe de la main, et la *Charité* se sauve. Le soir, le men-

diant se retrouve fixe à sa place, et c'est à recommencer un jour plus tard, ici ou là, peu
importe.

Eh bien! savez-vous ce qu'ont imaginé plusieurs familles, effrayées de la vue et du contact
de ce misérable? elles lui font une pension men-
suelle qui s'accroît tous les ans par l'adresse du
coquin à dénicher dans la ville les personnes
dont le spectacle de cette hideuse nudité tue l'appétit et le sommeil. Santiago donne aujourd'hui
des leçons de saleté à ceux de ses camarades qui
ont, hélas! beaucoup à faire pour se rendre
dignes de leur maître.

Vous croyez peut-être qu'il n'y a pas d'aristo-
cratie dans les gueux que je traduis à ma barre?
Ne gardez aucune illusion à cet égard.

Essayez de donner une pièce de cuivre à la
main calleuse qui vous est tendue, et vous verrez
avec quel mépris elle est repoussée. Offrez-lui un
morceau de pain ou de viande déchiquetée, il
vous demandera si vous croyez jeter la pâture
aux chiens, et crachera brutalement à vos pieds,
en signe de dégoût.

Je vous ai dit, je crois, qu'il y avait trop de
prêtres ici pour ne pas justifier le nombre immense de mendiants, j'ajoute qu'il n'y a pas assez
de mendiants pour le bénéfice des prêtres, et je
m'explique.

Quand un gueux a fait sa journée, c'est-à-dire quand il a joyeusement empoché huit ou dix réaux, il gravit un des sommets qui couronnent la ville, boit, mange et s'endort repu dans un *rancho*. Mais, en même temps qu'il dépense ainsi sa vie, un moine, jeune ou vieux, parcourt les *serros*, armé d'une boîte en fer-blanc, dans laquelle vous voyez sous verre un petit Christ émaillé de brimborions d'or, d'argent ou d'ivoire, qu'il vous sera permis de baiser de vos lèvres, si vous mettez une pièce blanche dans l'escarcelle.

Eh bien! ce pauvre qui a collecté sa belle ration de réaux en sacrifie une partie au révérend quêteur pour se sauver de la malédiction que l'homme de Dieu ne manquerait pas de faire tomber sur lui. C'est au Chili surtout que l'aumône rapporte à l'Église, et que le prêtre vit de la misère publique.

Je revenais, avant-hier, du Castillo, après avoir épuisé ma bourse au bénéfice des honnêtes vauriens qui s'attachaient aux pans de mon habit :

Señor, me dit un mendiant à la voix flûtée, *medio cito por el amor de Dios*.

— J'ai déjà donné à tes frères.

— Je n'ai point de frères.

— Alors à tes sœurs.

— Je n'ai point de sœurs.

— Peu m'importe, je n'ai plus rien.

— O monseigneur, fouillez bien dans une de vos poches.

— Il ne me reste plus une pièce d'argent blanc.

— Eh bien, donnez-moi une petite once.

Je suis certain que si, au lieu de quatre-vingt-cinq francs qu'il me demandait, j'avais présenté à mon drôle un réal, il aurait ameuté contre moi ceux qu'il ne voulait pas reconnaître pour ses frères, et que je ne me serais sauvé de leurs mains qu'à l'aide du fouet nerveux du vigilant, toujours prompt à faire justice.

Vous connaissez maintenant, à peu de chose près, la vie errante et casanière à la fois de ces heureux malheureux, vie de gueuserie et de lâcheté, vie de paresse et de honte, contre laquelle le pouvoir si paternel de M. Blanco est venu toujours se briser. J'ai dû passer sous silence certains actes de leur intérieur, ouvert à tous les vents comme à tous les yeux. C'est assez, n'est-ce pas? Il faut donner passage aux eaux fangeuses, et ne pas exposer la vie du touriste explorateur. Mais un coin du tableau me reste à dérouler; libre à vous d'en détourner les regards.

Quant à la naissance du mendiant, il y a ici privilége en faveur de la mère; elle a connu la douleur, elle s'est aguerrie contre les privations, elle a bravé les caprices de l'atmosphère, et les montagnes n'ont point de cimes neigeuses capables de l'arrêter dans ses excursions ; donc, elle a plus d'énergie pour l'enfantement.

Chez le pauvre, chez le riche, un petit être vient au monde. La mère souffre et pleure. L'enfant souffre et crie... Voilà l'égalité. Dieu est Dieu.

Mais la mort arrive, elle arrive avec ou sans la vieillesse, elle arrive avec ses sarcasmes, ses tiraillements et ses angoisses ; elle est là, elle frappe à la porte ; on ouvre, elle entre ; tout est à elle.

Ici, le bénéfice est pour le riche ; il a pu opposer une force à une force, il lui a été possible de dresser une barrière aux exigences si impérieuses de celle qui, tôt ou tard, ne fait grâce à personne.

Mais le pauvre a dû la subir ; et fort souvent, hélas ! quand elle se présente au seuil, on lui fait amitié, on lui tend la main : « *Entrez, soyez la bienvenue.* » Cependant, le cadavre est là, sur la terre onctueuse, et autour du cadavre immobile, d'autres cadavres en mouvement.

Toutefois, pas un ne se dérange pour aller inscrire un décès sur le registre de l'état civil. Un chien meurt dans la rue, traqué par le lacet du surveillant, on traîne le quadrupède sur la plage ; le flot s'en empare, le rejette, le reprend, e vomit de nouveau à l'air ; les rats s'en saisissent à leur tour : la brise étouffe le reste.

Vous allez voir comme on en use avec le cadavre du pauvre, entouré de ses amis et de sa famille.

Ils sont là, debout ou assis, les yeux secs, le cœur sec comme les yeux. Le vent a soufflé du nord, ils parlent du vent du nord : une maison s'est écroulée, ils parlent de la maison écroulée ; mais le cadavre qui est là aussi sur une peau de bœuf, à terre, au milieu d'eux, ils ne le voient pas, ils n'y pensent pas. Hier, à la bonne heure ; c'était un homme, il marchait, il mendiait, il avait sur le corps des plaies ravissantes, qui étaient un capital. Aujourd'hui, qu'est-ce donc ? un bloc de chair, quelque chose sans mouvement, dont les plaies ne saigneront plus : en vérité, ces braves gueux ont bien autre chose à faire que de s'occuper de ce qui fut, eux qui sont encore !

Ils jasent donc, les mendiants en guenilles, autour du mendiant qui n'en portera plus et que la terre n'abritera que lorsque la fosse commune sera comble.

Ils prennent du *maté*, liqueur forte, corrosive, nauséabonde et brûlante dans un vase qu'ils se passent les uns aux autres, qu'ils aspirent par un tube ou chalumeau que chacun enduit d'une couche de salive verdâtre : c'est charmant à voir!

On n'a pas mis de rouge au front du cadavre; on ne l'a pas enjolivé de petites mouches, comme on le fait pour le fils de famille; on ne le portera pas non plus dans la maison voisine pour la sanctifier et la préserver de la foudre; nul n'a foi en lui, nul ne donnerait un *medio* pour lui toucher le front ou la poitrine. De tels morts n'ont point de privilége. Cependant les porteurs sont au grand complet, ils échangent un regard, ils poussent du pied celui qui fut leur camarade; et quand il occupe le moins d'espace possible, on le roule dans la peau qui a servi à tant d'autres, on le ficelle et l'on attend que le timbre de l'église voisine sonne les douze coups.

La cloche a parlé, le *maté* ne laisse plus aucune saveur dans la gorge granitique du dernier buveur, on se compte sur les doigts, on se divise en escouades, le lourd fardeau est porté sur les épaules, on est dans la rue, on sera plus tard au Panthéon.

Mais la route est longue, et quelque rapide que soit la marche, une heure à peu près est nécessaire avant qu'on ait gravi la *Quebrada d'É- lias*, dernier échelon tracé pour le trajet de Valparaiso vers le ciel, premier degré conduisant à la tombe, et de là... Le prêtre, l'homme de Dieu qui pourrait achever ma phrase commencée, n'a as été prévenu qu'un cadavre de pauvre lui arrirait vers deux heures, il ne dira pas de messe, l ne récitera pas de prières. on ne lui a rien donné pour cela ; il s'est couché, il dort d'un profond sommeil ; que le ciel le berce de rêves heureux ! que les vierges d'en haut le visitent ! que la journée de demain lui soit plus lucrative !

A l'exemple du curé, du bedeau, du sacristain, le gardien du séjour des morts s'est également couché ; vous comprenez qu'il ne se réveillera pas à l'invitation des pauvres hurlant à son chevet, et qu'il n'ouvrira pas la porte du cimetière.

Dès lors, que font les mendiants? ce qu'ils ont fait déjà vingt fois sans doute, ce qu'ils feront encore souvent dans l'avenir.

Voyez comme c'est simple, comme c'est touchant ; voyez comme la tendresse est inspiratrice : on jette le cadavre à terre, sur cette terre dont il va augmenter le volume ; on lui vole la peau de bœuf, et les deux plus vigoureux gaillards de la troupe s'en emparent, l'un par la tête, l'autre par les pieds... Vous comprenez qu'ils aiment bien mieux que ce soit une jeune fille qu'un jeune homme ; les cheveux de la défunte offrent plus de prise et facilitent l'opération.

Voici donc le cadavre entre des mains habituées à ce genre d'exercice. On le balance à droite, à gauche ; on compte les oscillations ; on lui fait prendre de l'élan et, à un moment donné, on le lance par-dessus la muraille.

Ne croyez pas pourtant qu'on réussisse toujours du premier coup et que le cimetière ne refuse pas souvent sa proie.

Oh ! alors, il y a joie parmi les mendiants, et il est à parier que la seconde épreuve ne sera pas plus heureuse que la première.

On ressaisit donc les restes de la vieille mère ou de la jeune fille, on les balance avec d'autant plus d'ardeur qu'on veut faire honte aux premiers jouteurs vaincus à la peine, et le cadavre arrive enfin dans l'enclos sacré.

Cela fait, l'acte d'énergie accompli, les invités à la fête se retirent la cigarette à la bouche, et le frère et le père de l'exilé d'ici-bas se couche le soir même sur la natte ou s'abrite dans le creux même que le corps avait tracé.

Quant au gardien du cimetière, dans sa tournée matinale, il heurte du pied sa conquête, il appelle un aide, on charrie à deux le cadavre vers la fosse commune, on l'y laisse tomber, et les siècles passent dessus. On élèvera peut-être une brillante salle de bal où dorment aujourd'hui des générations de pauvres, de bandits vieux et jeunes, qui attendent là le jugement dernier.

Mais d'ici là, où sont-ils ?

MORTS ET VIVANTS.

— Les fossoyeurs. — Les chiens. — La mort des enfants
présage de bonheur. — Cadavres en location. — La disette
des nourrices. — Comment on en fabrique. — Le charnier
des pauvres. — Anecdote. — Détails horribles mais né-
cessaires. — Un quatrain espagnol.

———

Ici, mais surtout ici, le fossoyeur vit des victimes que le vice et la mort se partagent, l'un
pour quelques instants, l'autre pour l'éternité.

A Santiago, à Valparaiso, dans tout le Chili,
le fossoyeur fait du jour la nuit, et de la nuit le
jour... Chiffonnier des lieux funèbres, le cadavre
ne lui est jamais livré avant que les douze heures
ténébreuses aient résonné à l'air. Dans leurs
mains calleuses, ils le pressent, le tiraillent à
droite, à gauche, le couchent en profil ou sur le
dos, peu importe, dans la bière dont ils ne clouent
pas encore la dernière planche; ils le portent et
l'enlèvent en sifflant. Les amis, les parents réunis,
ont vu tous ces préparatifs sans s'émouvoir; ils
se passent le maté, chacun aspire dans le même
tube, ils se serrent la main et vont se livrer au
sommeil.

Ceci, c'est pour les nobles, pour les riches,
pour les gens aisés. On ne se conduit pas avec la

même courtoisie envers les pauvres, envers les malheureux, dont le cadavre sans cercueil gît là sur une table boiteuse.

Les pourvoyeurs du cimetière sont venus, ils ont pressé les restes encore chauds dans une sale couverture qui, hélas! en a voilé tant d'autres, et, le fardeau sur l'épaule, ils courent, précédés de hideuses lanternes; mais, au signal d'alarme, ils se dressent, ils bondissent, ils partent, ils sont arrivés devant la maison de deuil où des camarades les attendaient, les bras croisés, la cigarette à la bouche, les vapeurs du vin au cerveau.

Les voilà réunis!... ils montent dans une chambre parfaitement éclairée, au milieu de laquelle rient, causent, s'éventent des femmes jeunes et belles, des hommes vieux et laids qui tous ont aidé le cadavre à tromper la mort qui ne trompe personne; voyez, il est là sur un magnifique lit de parade, vêtu de soie, couronné de fleurs, ayant du rouge à la joue, du rouge au front, des mouches coquettement placées... Vous diriez une fiancée rêvant les heures de bonheur qui l'attendent.

Les fossoyeurs arrivent, le cadavre profané roule vers le champ du repos éternel... Suivez-les...

Le fardeau est lourd, ils le laissent tomber dans la rue, près du ruisseau boueux; ils s'ac-

croupissent autour, posent dessus le pain et la
viande qui leur servent de déjeuner, leur donnent
des forces, et ils repartent bien vite, car ils ont
d'autres promenades nocturnes qui les appellent.

Arrivés près de la fosse, un prêtre leur demande si la victime est un homme ou une femme...
ils l'ont oublié, ils s'en assurent ; le chapelain
dit une *absoute*, qui dure cinq minutes. *Re-
quiescat in pace... Amen.*

Il y a, malgré les *serenos* et les vigilants, beaucoup de chiens à Valparaiso, courant la nuit,
ainsi que des fraudeurs, et cherchant leur pâture
partout où elle leur est promise, en dépit du lacet
meurtrier. Je vous l'ai dit, parfois le cadavre
roule dans le ruisseau, les porteurs épuisés font
halte, et les chiens du voisinage se hasardent
jusqu'à eux.

Une *chose* est là, immobile, jetant au loin des
miasmes de corruption ; le quadrupède attend,
flaire, soulève le drap, lèche le corps, et le livre
purifié aux hommes de peine, j'allais écrire aux
hommes de joie.

Tout cela est triste à connaître, n'est-ce pas ?
Qu'est-ce donc pour ceux qui, en quête des
douces mœurs d'un pays que le ciel caresse de
ses nuits les plus balsamiques, se trouvent tout
à coup en présence de pareils spectacles !

Voyez comme la foule se précipite, élégante et

sourieuse, vers cette maison dont les croisées sont ouvertes, ainsi que pour une belle soirée de printemps. Que se passe-t-il donc dans ce bienheureux séjour?

Hier, c'était un jeune enfant, blond ou brun, aux cheveux bouclés, au front pur, au regard caressant, aux petites mains potelées; il comprenait déjà la tendresse, le baiser maternel : il avait une éternité devant lui.

Hélas! hélas! il faut si peu de force pour écraser la faiblesse. Aujourd'hui, le corps élastique et souple est roide et sans vie, sur une couche rosée, émaillée de fleurs, d'où s'exhale un parfum délicieux.

— C'est mon frère, dit d'une voix limpide une jeune personne de seize ans au nouveau venu; voyez comme il est beau!...

La mort est-elle jamais belle?

— Quel ange raphaélique! s'écrie-t-on de toutes parts, en couvrant de baisers les restes encore humides du pauvre enfant.

— Attendez! Plaçons mieux cette mouche, elle le fait grimacer : il en manque une sur le menton; découpez un lambeau de taffetas, vous verrez comme cela fait bon effet; et cette tulipe qui se détache de la couronne du bon Jésus! Que les vigilantes sont maladroites! A propos, avez-vous pris du thé? voulez-vous un verre d'orgeat, une

tartine de confitures?... Quand la joie visite une
maison, il ne faut pas y apporter de tristesse.

Oui, messieurs, la mort d'un enfant est re-
gardée ici comme un présage de bonheur; c'est
un archange, un chérubin, un petit *Jésus*, comme
ils disent; et la mère fredonne des refrains de
romance, et la sœur se bourre de pralines, et
les yeux sont secs, et l'âme seule s'épanouit à la
perte dont on vient de s'enrichir.

Plus le cadavre restera au logis, plus les
chances de bonheur sont grandes; aussi faut-il
voir comme on étudie avec soin les progrès de la
décomposition !

— Dis, mère, ne trouves-tu pas que la peau
est plus terreuse qu'hier? Ne te semble-t-il pas
que les ailes du nez se sont affaissées d'elles-mêmes?

— Je crois que les fleurs qui couronnent cette
belle tête reconnaissent à leur tour la puissance
de la mort.

— Tu as raison. Prêtons pour quelques heures notre petit Jésus à *doña Carmen*, qui nous
l'a demandé pour sanctifier sa maison; puis, nous
le porterons à *Mendez Cabral*, qui, l'an passé,
nous a prêté le sien, puis nous l'enverrons là-bas,
où il priera pour nous.

Ainsi, le cadavre est promené de maison en
maison, il repose quelques instants dans une
chambre, de là on le glisse dans une autre, et

quand gronde la foudre, quand le tremblement de
terre ébranle le sol, la famille rassurée prie à
peine du bout des lèvres ; le petit Jésus a béni
la demeure et proteste contre la volonté de
Dieu.

Ne croiriez-vous pas lire un conte fantastique,
écrit entre deux crises de fièvre, au milieu du
délire, ou au sein d'une orgie bachique? Ne
pensez-vous pas que celui qui vous donne ces
tristes détails les puise dans une des pages les
plus frissonnantes d'Anne Radcliffe, de diabolique
mémoire?

N'oubliez pas que je suis historien et non fa-
buliste, que cette monstruosité que je vous raconte date de plus d'un siècle, que je l'ai vue et
combattue il y a longtemps, que je la retrouve
encore brûlante aujourd'hui, et qu'elle est tellement dans les mœurs chiliennes que je doute
fort qu'on parvienne jamais à l'en déraciner.

Pourtant un trait de plume manque encore au
récit, une couleur à la palette ; j'achève :

Au Chili, tout se vend, les femmes, les jeunes
filles... certaines le savent bien.

Au Chili tout se vend, même la mort.

L'enfant n'est plus ; vous croyez qu'on le prête
indifféremment à tout le monde? Non, non ; le
spéculateur ne perd pas si sottement les bénéfices
de son heureuse position.

— Vous voulez de la joie chez vous? Tenez, je vous laisse mon petit Jésus : dix piastres pour une heure, vingt pour deux, et ainsi de suite ; mais dépêchez-vous, car madame Carmen nous l'a demandé ce matin...

On marchande, on débat, on prête, on retire, on conclut, et le mort rapporte un double bénéfice.

Oui, je le dis parce que cela est, je l'écris parce que j'ai eu le cœur blessé ; le Chili, le Pérou, le Brésil, qui consacrent de pareils usages, sont privés du sens moral.

Un enfant, une pauvre petite créature, dont le premier cri est une douleur, dont le premier regard est un éblouissement ; un enfant, c'est-à-dire ce qu'il y a de plus faible et de plus touchant au monde ; un enfant, doux fruit d'un amour, d'un bonheur, d'un délire... Il est là, il vous appartient, il est à vous, à vous seul, vous n'osez pas compter les jours qui lui sont réservés ; tant le ciel lui en promet de longs et de riants ; il est là cet enfant que la mère a bercé dans son sein, là sur vos genoux, jouant avec vos lèvres qui lui sourient ; il sourit aussi, et un souffle l'éteint et sa tête tombe, et son pouls n'a plus de battement, et la vie est la mort !

Vous voilà sans lui, sans une espérance pour vos vieux jours, sans une consolation pour

vos dernières douleurs; il part et vous chantez :
Hosanna!

Chantez! chantez! quand un ange visite votre
demeure, mais pleurez! pleurez! quand un ange
s'en échappe.

Souvenez-vous toujours que je fais de l'histoire, que ce que je publie peut être contrôlé, que
je m'attends à mille démentis pour une erreur...
Après cela je poursuis.

Au Chili, je ne crois pas qu'il y ait douze mères
allaitant leur enfant; aussi qu'a-t-on imaginé pour
suppléer à la disette de nourrices ou pour en
avoir à choisir dans la quantité qui se présente?...

Dois-je me taire? Non, et puis, il est des révé-
lations tellement tristes qu'on les doit au monde,
afin qu'il en fasse justice; et, à tout prendre, il
vaut encore mieux dire l'horreur que de laisser
la pensée dans un doute dont on ne se sauve-
rait que par une pensée plus effrayante que la
vérité.

Bien des filles chiliennes, façonnées à la paresse, et par conséquent aux mauvaises passions,
se livrent de trop bonne heure, hélas! à la dé-
gradation; femmes à treize ans, elles parcourent
les rues, parées de leurs beaux yeux, de leur
luxuriante chevelure, provoquant les passants et
les invitant d'une voix téméraire à une halte dans

quelque église voisine. Si vous les outragez par un refus, elles ont un moyen efficace pour se tirer d'affaire et gagner plus tard leur vie à l'aide d'un sacrifice qu'elles s'imposent momen-tanément.

N'oubliez pas, lecteur, que je copie. Le tableau est là ouvert à tous.

Celles qui veulent vivre un peu plus sages dans l'avenir, vont çà et là chez des hommes que l'on connaît fort bien dans la ville, s'asseyent et leur demandent... un enfant !...

Baissez le front, je le veux bien, mais j'a-chève. Ces hommes sont cotés, quelques-uns ont leur réputation à faire, d'autres ont leur répu-tation faite, c'est chez ceux-ci qu'elles se rendent de préférence, et la nourrice est trouvée.

Mais, s'il arrive qu'après avoir payé le prix convenu, la jeune fille, trompée dans son espoir, n'ait pas reçu une puissance qu'elle implorait, vous la voyez accourir irritée chez le coupable, lui redemander les piastres données et en ap-peler même aux tribunaux pour terminer le débat.

Quatre mille lieues seulement séparent le Chili de l'Europe... mais quittons les vivants pour les morts; il y a chez ceux-ci de hauts en-seignements pour la morale en péril.

Ne me parlez pas de la fosse du pauvre, dont

chaque cimetière de Paris est attristé. Elle s'ouvre, reçoit sa proie, se referme ; la mère reste
seule avec son désespoir... tout est dit.

Ici, dans une capitale, le gouffre est immense,
béant pendant vingt jours au moins, selon le caprice de la mort.

Voici un enfant, on le lance... ; voici un vieillard, on le précipite... : voici un jeune homme,
une jeune fille, un noir, un mulâtre, un blanc,
peu importe ! tout cela roule, la tête nouvelle
sur le torse d'hier, le bras s'enlace aux bras,
les membres sont liés et confondus, tous servent
de victime au ver, qui change sa pâture à volonté... Tout cela au soleil, la nuit, toujours !...

Allez ! allez ! ne cherchez point de l'œil ce ré-
ceptacle infect ! Les miasmes vous guident au
milieu des ténèbres, vous cheminez à côté de cet
asile de la misère et du néant, vous vous éloignez
épouvanté, plein d'horreur ; et lorsque, quelques
jours plus tard, vous allez vous assurer si, en
effet, vous avez bien vu, si vous n'êtes pas victime d'une horrible hallucination, vous trouvez
l'antre comblé ; puis deux hommes, deux pions,
deux manœuvres qui sifflent et poussent d'une
pelle ou du pied un peu de terre sur ce charnier
de deuil, et puis encore piétinent dessus pour le
niveler, comme s'ils dansaient sur des fleurs.

O Chiliens ! vous m'avez accueilli comme un

frère, mais j'écris un livre sérieux, je dois à tous la vérité.

Il y a peu de jours de cela, trois jeunes gens avides d'émotions allèrent, vers le soir, visiter cette demeure de la misère, ce charnier des pauvres, capable de désapprendre une religion. Les voilà tout près; l'un d'eux plus téméraire que les autres se penche sur le bord, un éboulement a lieu, il tombe, un cri de désespoir arrive jusqu'à ses camarades épouvantés: ils courent, se rendent sur le bord opposé de la fosse et voient le malheureux s'épuiser en héroïques efforts pour s'arracher à cette glu de la destruction. Il se fait un marchepied d'un crâne de vieillard, le bras d'une jeune femme semble l'attirer vers le gouffre; il s'affaisse dans un vide, et sa bouche se colle contre les lèvres éraillées d'un enfant que la pression a soulevé. Quelque part qu'il cherche un appui, c'est la mort, c'est la putréfaction, ce sont des ossements dénudés, ce sont des chairs en décomposition, noires, violacées, jaunes, relâchées ou tendues, sèches ou flasques, selon que le soleil de la veille les a visitées, selon que le froid du soir s'est plu à les saisir...

Comme la puanteur de ces cadavres entassés l'étouffe, il fait un signe à ses amis, et prépare sa couche mortuaire. Mais ceux-ci aperçoivent la cloche du presbytère, coupent la corde qui la mettait en branle, s'en emparent et parviennent, après d'incroyables tentatives, à sauver du cloaque l'imprudent qui, revenu à la vie, a perdu la raison.

Plus tard, lui aussi trouvera sa place dans la fosse du pauvre.

Secouons nos vêtements, purifions-les avec nos pensées en deuil, et cherchons quelque adoucissement à tant de misères.

C'est encore la mort que je trouve sous mes pas, devant moi, mais c'est une mort, seulement avec des larmes et des regrets; une mort sans tiraillements au cœur, sans dégoût à l'âme.

Non loin du charnier est une tombe magnifique apportée, dit-on, de Carrare et ciselée avec un art infini. Elle abrite je ne sais plus quelle noble dame, dont j'ai oublié le nom; et tout près de ce beau mausolée s'élève, à deux pieds du sol, une pierre tumulaire où je lis un quatrain qui invite au sourire. En voici la traduction assez imparfaite.

Ci-gît sous cette terre sainte
Un fou, du même objet constamment amoureux;
Passant, arrête-toi sans crainte,
La constance n'est pas un mal contagieux.

On m'assure que c'est la femme du défunt qui a rimé le quatrain espagnol.

Dieu! si les morts revenaient!!

DUEL.

— Presque impossible au Chili. —

———

Au Chili, ne cherchez pas à venger par les armes une sœur outragée dans son honneur, une mère insultée dans sa vieillesse, si vous craignez les galères, si vous redoutez vingt balles dirigées sur vous par des hommes de sang-froid, à qui la loi vient de dire : Faites feu.

Au Chili, plus que partout ailleurs, vous pouvez vous abriter derrière la délation pour jeter la boue au front de la vierge, pour plonger dans le deuil une honnête famille.

Le duel est défendu en Angleterre, aux États-Unis et dans bien d'autres pays encore ; mais vous savez comme la loi s'y montre élastique, lorsqu'un motif honorable a mis le pistolet ou l'épée à la main.

Au Chili, je vous défie bien d'échapper à sa rigueur, quelque légitime qu'ait été votre colère, quelque égalité que vous ayez mise dans le duel.

Les galères, la mort !... Le Code a parlé, vous ne lui imposerez pas silence, nulle protection ne vous viendra en aide ; heureux encore que la balle du soldat vous épargne le gibet du bourreau, car on ne pend point au Chili.

Ne croyez pas, au moins, que je plaide la cause du duelliste, que je me fasse le champion des spadassins : que je sois l'apologiste de tous les genres de courage et le défenseur des bravi qui s'amusent au duel.

Non, non, je sens tout ce qu'il a d'immoral, d'impie, d'antichrétien : « *Celui qui tuera par le glaive mourra par le glaive,* » disent les livres saints. Mais la parole est souvent plus meurtrière que l'épée, et c'est alors un devoir à celle-ci de la clouer à la gorge du calomniateur. La parole de l'Écriture doit se comprendre ainsi. Les législateurs devraient être d'accord pour biffer de nos codes tout ce qui tient à protéger la délation et la lâcheté.

Les Chiliens, en général, ne comprennent pas cette grande vérité, quoique les Chiliens soient naturellement braves.

La terre du Chili tremble souvent aux secousses de ses volcans; le cœur du Chilien est froid et immobile aux blessures qu'il reçoit. Sans les neiges de la Cordillère, le Chili n'aurait presque pas une goutte d'eau pour alimenter ses terres; sans les fréquentes visites des étrangers, le Chili ne vivrait que dans son sommeil et dans sa vie horizontale.

Est-ce une nature gâtée? Non: c'est une nature inerte, inachevée; le complément viendra plus tard, n'en doutez pas.

Un sentiment douloureux vous frappe au cœur, lorsque vous vous apercevez du peu de progrès des mœurs et des usages espagnols sur les antiques coutumes chiliennes.

Jusqu'à présent, le vainqueur n'a pu s'imposer nulle part, ni sur le moral ni sur le physique des naturels de ces contrées. C'est partout un mélange, une macédoine, au travers desquels vous cherchez vainement le type primitif.

La belliqueuse Espagne s'efface ici sous la somnolence chilienne, qui finira peut-être par écraser sa dominatrice d'un jour.

Le teint castillan, les yeux castillans, les mains castillanes se retrouvent au Chili; vous chercherez vainement le poignard captif sous la jarretière.

Les jalousies ne montent jamais si haut, et ce n'est pas avec une pointe d'acier que la mère ou la femme punit une offense faite au contrat.

Le vol d'une once y sera châtié avec une extrême rigueur, le vol de votre bonheur domestique n'y sera même pas poursuivi; et bien des fiancés savent par avance la durée de leur position exclusive.

Ne me dites pas que je calomnie. Les noms propres, — notre langue est singulière, — fatiguent ma mémoire, et je pourrai m'en débarrasser.

Un combat de femme à femme, à propos d'une infidélité conjugale, ferait époque au Chili. Aujourd'hui, on refuserait d'y croire, et les témoins mêmes douteraient de leur raison.

Toute l'ancienne Italie, celle des Césars, si différente de celle des papes, s'est réfugiée dans les solitudes des Abruzzes et des Apennins; tout l'antique Chili, si opposé à celui d'hier, d'aujourd'hui et de demain, vit presque indépendant sur les cimes neigeuses des Andes et dans les forêts sauvages de la Valdivie... Essayez de l'en déloger.

Il y a bien des Rodrigues dans le Chili, vous y chercheriez vainement un Cid. En revanche, que de Gormas provocateurs!

Pour compléter la métaphore, j'ajouterai que pas une Chimène n'oserait vous encourager ici dans un projet de vengeance dont le dénoûment pourrait être une goutte de sang rougissant le sol.

La tiédeur de l'homme a passé dans le cœur de la femme.

En Angleterre, en France, aux États-Unis, on plaint celui qui se voit forcé de recourir aux lois pour la punition d'une offense ; ici, on l'en félicite.

Un avocat de Santiago reçut, il y a quelques jours, un soufflet en place publique ; plainte fut portée à l'instant devant les tribunaux, et il n'est pas de magnifiques éloges que je n'aie entendus de toutes parts sur la noble conduite du plaideur souffleté.

Cela est beau sans doute, cela est évangélique ; mais un peu moins de religion ne sied pas mal à l'homme, et trop d'humilité n'est point une vertu.

Je voulais raconter et voilà que je plaide ; c'est un tort d'autant plus grave que j'écris ces lignes au Chili même, où leur publication me conduirait en présence de juges inexorables...

LE LAZO.

— Duels d'enfants. — Le cuchillo. — Singuliers combats. — Lancelot le printanier expiant les torts de son père. —

Les historiens du moyen âge nous disent que l'enfant baléare ne déjeunait qu'après avoir abattu

avec sa fronde le repas suspendu aux plus hautes
branches d'un peuplier. Au Chili, on croirait
que les merveilles des temps passés veulent se
renouveler.

Dès que vous avez quitté le centre de la ville,
dès que le bambin jouit d'un peu de liberté, vous
le voyez, à vingt pas au moins du but, précipiter
son lazo, s'irriter à la défaite et ne sourire qu'au
succès.

Deux Chiliens, deux enfants, ont échangé sur
la route un mot offensant, un caillou qui n'a
blessé ni l'un ni l'autre; n'importe : le cartel est
accepté par tous deux, et les voilà, fermes sur les
hanches, la haine au front, la vengeance à l'œil,
la rage au cœur, posés face à face comme ces héros d'Homère, hauts de dix coudées, qui faisaient
retentir les vallons de l'éclat de leur voix et du
choc de leurs armes. Près d'eux, attentifs, hale-
tants, sont le père et la mère des champions;
puis viennent les amis, puis accourt la foule,
alors surtout que Jep, ou Fernando, ou Lopez,
ou Joachim sont les jouteurs.

Un torrent les sépare, torrent profond, rapide,
avec ses roches aiguës, avec ses écumes et son
désordre. Un cri retentit ; le lazo tournoie et
siffle ; Jep a cru saisir le moment favorable, la
courroie s'est élancée, prompte comme la flamme ;
mais Fernando a bondi, et le bras qui avait pré-

cipité sur lui l'arme fatale est pris dans un nœud
que le couteau seul peut diviser. Mais c'est en
vain que la victime se hâte : le vainqueur pèse
de toutes ses forces sur le lien de cuir, et les
eaux du torrent bouillonnent à la chute d'un
corps auquel les parents alarmés s'empressent
d'aller porter secours, presque certains qu'une
revanche leur sera permise.

Cependant, si le sang ne vous épouvante point,
pourvu qu'il ne coule pas à flots, suivez à travers les pampas désolés deux Chiliens façonnés
au délassement du *cuchillo*, lame d'acier bien
aiguë, bien emmanchée, sans laquelle ils ne vont
jamais en chasse... ils ont échangé un sourire
et un regard provocateur. Le défi est accepté :
le poncho, enlevé de l'épaule, est roulé autour
du bras; le combat commence.

Vous croyez peut-être qu'il va être question
d'une profonde blessure au cœur, d'une large en-
taille à la poitrine, d'une épaule ou d'un poi-
gnet amputés... Non, non; ceci est un combat à
l'eau de rose, un duel tout de délicatesse; le
vainqueur est celui qui effleure le moins la peau,
qui déchire le moins l'épiderme.

Ils se sont dit : Va pour le front. Aussi, c'est
le front seul que menace le cuchillo, et le poncho en bouclier ne protège que les autres parties.

Le merveilleux de tout ceci, c'est que le joueur menacé cherche à se faire blesser assez profondément pour gagner son pari, mais pas assez pour souffrir longtemps de la blessure. Vous diriez que c'est le front qui cherche le couteau, et non le couteau qui cherche le front, comme la joue qui, chez nous, courrait après la main qui la menace.

Eh bien ! ces gaillards ont une si prodigieuse adresse, que c'est à peine si une teinte rosée se dessine sur le front atteint par le cuchillo prudent.

Ne croyez pas pourtant que ces combats singuliers, ou plutôt ces singuliers combats se terminent toujours d'une manière si pacifique : le cœur des Chiliens n'est pas exempt de passion ; il s'irrite à la défaite, et quand une fois il a rêvé de vengeance, le lazo et le cuchillo remplissent leur mission. Un cou est serré, une poitrine est ouverte.

Ici, le duel est puni de mort. Vainqueur ou vaincu, provocateur ou provoqué n'ont à espérer aucune grâce ; ou si, par imprévu, la clémence vient les atteindre, c'est pour les conduire au bagne, où ils sont traités comme des assassins.

Ainsi donc, point de pistolet ou d'épée, point de témoins non plus, car eux aussi subissent le

sort des combattants. Mais le lazo a ses priviléges : il est une arme honorable, arme patri-
cienne, quoique le peuple seul en fasse usage.
Aussi, le meurtrier qui étrangle avec la courroie
est-il rarement poursuivi, car on n'a point versé
de sang, et le sang seul fait le crime au Chili.

Quant au couteau, il est, comme l'épée, frappé
de réprobation. Et cependant, pas un homme de
la campagne ne s'éloigne de la ville sans avoir à
ses flancs, ou à l'extérieur de ses jarrets, un cuchillo sans gaîne, toujours prêt à s'exercer contre
le lazo ou contre un ennemi, s'appelât-il homme
ou taureau, jaguar ou puma.

Je ne sais si l'instinct du quadrupède poursuivi
lui apprend la puissance de l'arme à l'aide de laquelle on le dompte; toujours est-il qu'on voit
souvent la mule ou le taureau touché seulement
par la courroie s'arrêter net au milieu de sa
course et trembler fébrilement à la menace seule
du redoutable licou sifflant à l'air avant de s'élan-
cer. Le boa n'exerce-t-il pas la même puissance
sur le buffle ou l'antilope? L'aigle et le vautour
ne paralysent-ils pas le vol de la colombe ou du
moineau qui va, pour ainsi dire, se jeter de lui-
même dans les serres de son bourreau?

Ne niez pas le pouvoir du lacet, si vous reconnaissez celui de l'aigle, du vautour ou de l'é-
pervier.

Gardez-vous de croire, en dépit des détails qui précèdent, que l'activité du Chilien soit chose avérée et constante ; vous seriez dans l'erreur. On dit du Français : Il fut brave tel jour ; je dirai du Chilien : Il est actif de telle heure à telle heure et selon sa digestion.

Certes, le lazo en ses mains ne se repose guère, c'est un jouteur qui veut sa proie ; mais le bras qui le fait agir, la pensée qui lui donne le mouvement et la vie, ont leurs moments de torpeur ; et le sommeil qui saisit la tête s'empare aussi des muscles et de la volonté. Cependant il y a des taureaux à dompter, des chevaux ou des mulets à rendre esclaves, et le Chilien qui veut gagner son dîner doit accomplir sa tâche. A cet effet, et pour ne pas trop s'épuiser à la lutte, il chemine lentement sur la route où doivent passer ses victimes ; il échelonne des lazos à hauteur du cou des quadrupèdes, et quand ceux-ci sont mis en chasse, il est rare que le lacet n'en arrête pas quelques-uns au milieu du crépuscule choisi pour cette guerre de flibustier.

Mais ces piéges à mulets ne sont-ils funestes qu'aux champions que l'on veut atteindre ? Hélas ! non ; et l'un de mes pauvres Aragonautes, fier du rapide coursier qu'il enfourchait depuis plus de deux heures, vous raconterait aujourd'hui sa mésaventure, s'il ne savait que je recueille dévote-

ment tout ce qui se rapporte à mes compagnons de
voyage. Ce pauvre ami, c'est Lancelot, Lancelot,
dont je vous ai déjà dit la voix retentissante; Lancelot, qui rivalise souvent avec les vagues océaniques, alors que le tornado les saisit et leur fait
escalader les cieux; Lancelot le printanier, ainsi
nommé, à cause de la grande quantité de boutons
roses et blancs dont son front et ses joues sont
émaillés en toute saison. Riche de son poncho et
de son panama ombrageant ses épaules inégales,
il allait, il allait aiguillonnant son Bucéphale isa-
belle, et la nuit commençait à s'emparer de la terre.

Impatient de triomphe, il provoque ses camarades, et part de toute la rapidité du jarret d'un
cheval jeune et vigoureux. Gare! gare! il va escalader d'un bond le clocher de Valparaiso. Mais
le lacet tendu remplit son office, et le malheureux
Lancelot, pris par le cou, se voit arraché à sa
monture, et reste suspendu, flottant à l'air
comme le cadavre de Marigny aux fourches de
Montfaucon.

Les amis accourent, le lacet est coupé.

La victime, à demi expirante, tombe sur le sol
poudreux, et c'est à peine si elle put, huit jours
après, balbutier le récit de sa strangulation co-
mico-dramatique.

Au reste, Lancelot mérite le châtiment infligé
par le lacet : son père est fabricant de pianos !!!

Dieu est juste, et Lancelot n'est pas son prophète.

RISQUEZ UN OEIL.

-- Les mœurs au Chili. — Jeune à quinze ans, ridée à dix-sept. Chiliennes et Péruviennes. — Concurrence ou rivalité. — Les armes de la Chilienne. — Pas de grisettes au Chili. — Mais on y trouve partout ce qu'on ne rencontre à Paris que dans certaines rues privilégiées. —

Qu'est-ce qu'une jeune fille à Santiago? C'est une femme.

Elle ne peut pas comprendre, et elle sait déjà; elle n'a pas encore le sentiment du bien et du mal, et elle se voit immolée au mauvais génie, non-seulement par l'exemple, mais encore par la cupidité.

Y a-t-il des vierges folles au Chili? Non, si vous les classez dans la catégorie de celles de notre capitale, si corrompue; oui, si vous les suivez dans leurs évolutions de jour et de nuit; indépendantes du *sereno*, affranchies de toute sujétion, elles sont là et là, comme le papillon, comme le lézard, j'allais dire comme la chenille venimeuse, portant en elles le germe d'une mort prématurée.

Voyez : elle compte à peine quinze printemps, elle n'est pas encore vieille, — encore deux ans et les rides creuseront ce front large et viril ; un voile couvre sa tête brune ; elle lève les yeux ; elle entre dans une église ; elle prie, je me trompe, elle récite à genoux une oraison qu'on lui a chantée au berceau... Elle sort, vous sourit, vous fait signe, vous lui offrez votre bras, et vous, qu'elle n'avait jamais vu, vous voilà tout à fait ce que vous voulez être. Ceci est une règle générale.

Peut-être la charmante vous dira-t-elle que vous avez une heure à attendre, à espérer... Résignez-vous, toute Chilienne est fidèle à sa parole, et par malheur pour vous on avait pris des engagements auxquels il serait honteux de manquer...

Sont-ce les passions écloses sous un vaste soleil qui guident la Chilienne vers les plaisirs faciles? Non, non; à peine sait-elle que le cœur a ses battements ; il est insensible comme l'once d'or que vous venez de jeter sur une table, il n'a jamais vibré d'amour ou de reconnaissance.

Ne me citez pas quelques rares exceptions. J'y puise des forces pour appuyer dix mille faits dont ma mémoire se fatigue.

— Ne faites donc point la cour à ma fille aînée, disait hier une tendre et généreuse mère à un homme que je ne veux point nommer; voici ma cadette qui entre dans ses quatorze années, je l'ai élevée moi-même, elle est sans préjugés.

Législateurs, complétez le code chilien, ou vous avez démérité de la morale.

— Acceptons le bonheur quand il arrive, et de quelque part qu'il vienne, me disait hier une femme du haut monde de Valparaiso...

Le mari présent ne récrimina point, et m'offrit gracieusement une tasse de thé.

Rien n'est complaisant comme un mari chilien, si ce n'est deux, si ce n'est trois, si ce n'est quatre... Vous voyez jusqu'où je peux aller... les chiffres ont leur éloquence.

Lorsque vous ne gênez point la femme, soyez sûr que vous n'êtes point importun au mari. S'il fait ombre au tableau, la prudente et chaste moitié donne un coup de pinceau, dit une parole... l'obstacle a disparu, et quand il reviendra, il se gardera bien de demander le magasin où sa femme a fait emplète de ce voile ou de cette parure dont elle s'enlaidit le soir au théâtre.

Ici les exceptions sont plus rares.

La sœur cache-t-elle ses *démarches* à sa sœur? N'en doutez pas, alors qu'elle peut craindre une

sérieuse rivalité ; hors de là, elle et la mère sont
confidentes.

Il est nuit, vous frappez à une porte vitrée,
vous demandez la permission d'allumer votre ci-
gare à la flamme de la bougie.

— Faites, señor ; et asseyez-vous.

Il est jour, et le sereno ne vous a pas vu pendant sa vigilante faction.

Au Pérou, la jeune fille compte à haute voix et
avec orgueil le nombre exact de ses vainqueurs
quand sa mémoire est fidèle ; au Chili, elle se
vante de ses défaites, en augmente la quantité,
cite des noms propres, et son cœur s'épanouit au
soleil de sa honte, comme Lucrèce se drapait de
sa vertu.

Au Pérou, la jeune fille se fait provocatrice en
plein jour, et se pare de ses désordres jusque dans
l'église où elle ne va jamais pour prier.

Au Chili, elle a bien plus de modestie et de
religion, car avant la chute, elle jette un voile
protecteur sur l'image de la Vierge ou celle du
Christ qui décore sa chambre nuptiale.

La Chilienne et la Péruvienne se détestent et
se méprisent le plus cordialement du monde ;
toutes deux ont raison. Le double motif de cette
haine est né dans une rivalité noble et digne...
C'est l'enchère de leurs faveurs.

L'encombrement des denrées de Valparaiso fait

baisser le prix de celles de Lima, et par contre-
coup, cette dernière capitale porte une atteinte
mortelle à sa rivale humiliée.

Après cela les gouvernements sont d'accord,
mais vous verrez qu'un jour les *belles de nuit* de
Santiago et *las tapadas* du Pérou réveilleront le
bronze des deux nations assoupi dans les arse-
naux.

Cléopâtre perdit Marc-Antoine, Aspasie com-
promit Socrate, Roxelane soumit Mahomet, Hé-
lène causa la ruine de Troie, et Pomaré a mis en
présence, dans l'Océanie, les vaisseaux anglais et
français, qui commençaient déjà leur branle-bas
de combat.

Qui nous dit, au surplus, que les merveilleuses
femmes, cause de tant de désastres, furent plus
belles et plus dangereuses que les Mariquita, les
Catarina, les Paquita, les Florida de nos jours,
que mes camarades admirent et dont à peine, d'ailleurs, pauvre aveugle, je me rappelle les syllabes
euphoniques?

Les pessimistes ont beau lancer leurs foudres,
la race humaine n'est point abâtardie, et nos sta-
tuaires trouvent encore auprès d'eux des Vénus
de Milo, des Vénus Callipyges et des Dianes chas-
seresses, j'allais dire pécheresses; les voyageurs
sont sujets à de bien singulières distractions.

Poursuivons notre cours de morale au profit

des derniers venus; amuser est bien, instruire
est mieux.

A Valparaiso, n'allez pas là si vous craignez le
danger, n'allez pas ici non plus, évitez ces rues
qui sont à votre droite, fuyez celles qui se déve-
loppent à votre gauche... Vous voyez que la glu
est partout : d'où je conclus que cette seconde capitale du Chili serait la plus détestable relâche
du monde, sans le rideau pittoresque de ses montagnes et les colères du cap Horn, dont le souvenir vous domine et vous écrase.

A Paris, à Londres, il y a des quartiers pério-
diquement attristés de la présence de ces femmes
aventureuses dont la vie horizontale donne une
vieillesse si prématurée; à Valparaiso elles n'ont
point de poste déterminé.

Vous les voyez partout, comme ces atomes
crochus qui peuplent les espaces; et vous seriez
étonné que tout cela pût exister, si vous ne saviez
pas combien il y a d'adresse dans leur manége,
pour que les onces ne séjournent pas trop longtemps dans vos bourses mal closes. L'once est la
monnaie courante du pays, comme chez nous la
pièce de cinq francs; elle vaut quatre-vingt-cinq
livres.

Je vous assure que la proportion des deux
monnaies n'est point en rapport avec la valeur des
objets à vendre : il est difficile de détrôner Paris.

Le regard, le sourire, la chevelure, telles sont les armes de la Chilienne.

Chez nous c'est l'élégance, la grâce, la propreté, qualités presque incomprises des êtres que je traduis à mon tribunal. Il est vrai de dire que les cosmétiques sont ici d'une incroyable cherté, que les parfums n'y purifient point les appartements, et j'ajoute que la rose du Bengale, quoique inodore, n'est pas moins l'objet de la curiosité du botaniste et du voyageur.

La grisette est inconnue au Chili; à la vérité, quelques modistes françaises, assez clair-semées, rappellent encore ces délicieux types de Paris et de Bordeaux, qui bouleversent tant de têtes et dévorent de si belles fortunes; mais, hélas! le Chili est presque à l'antipode de notre patrie, et nous sommes trop complaisants de nous rappeler celle-ci en présence des pauvres voyageurs qui sont venus tenter la fortune si loin.

On n'entre dans tous les détails de cette vie excentrique de ces jeunes égarées, qu'on n'étudie qu'en courant, que pour tenir une parole donnée. Mais je ne puis passer sous silence un de leurs moyens de séduction, ou plutôt une de leurs agaceries, pour vous retenir chez elles le plus longtemps possible.

Libre à vous de me croire; rien n'est plus vrai cependant; et, quoique ce ne soit point une généralité, le fait est vrai, surtout chez celles de ces créatures qui se sont vues un jour assez opulentes pour acheter l'appareil... Écoutez.

Les jeunes gens de ma caravane, qui, eux aussi. font à leur manière des études de mœurs, entrent souvent et à tout hasard dans les maisons à portes mi-closes... Ils sont si désœuvrés, ils ont tant de cigares à allumer à la flamme des bougies! Hier donc, ils firent halte en face d'une demeure, où on les accueillit avec une grande distinction ; et comme les beautés du lieu leur rappelaient les faces grimaçantes de la macaque, ils se disposèrent à sortir.

— Attendez, leur dit une des vierges ; nous voulons vous montrer une chose fort curieuse, que vous n'avez peut-être pas assez examinée...

Aussitôt, fouillant sur et sous ses vêtements, elle fit une inspection sévère, mais sans résultat. Étonnée, ou plutôt indignée, elle s'élance vers son lit, le découvre, plonge un regard scrutateur sur les plis des draps, avance discrètement la main, et saisit entre le pouce et l'index une puce, qui, hélas ! attendait sa pâture quotidienne. Après l'avoir bien roulée, en femme habituée à de pareils exercices, elle s'approche d'une table, place sa victime sous un gobelet le pied en l'air, renfermant une loupe qui peut s'approcher ou s'éloigner à volonté ; puis, appelant à elle les visiteurs, elle les convie à ce manége, et les invite à étudier l'insecte dans sa structure et dans ses mouvements convulsifs...

Ces choses-là ne s'imaginent pas; quelque riche que soit la cervelle des voyageurs, elle ne va pas jusqu'à rêver de pareils tableaux ; ils sont, parce qu'ils sont; les traditions les conservent, et je ne sais pas pourquoi je ne vous en aurais pas parlé...

D'ailleurs, que vous ai-je dit en tête de ce chapitre?... *Risquez un œil.*

Aussi étais-je bien sûr que vous le parcourriez; nous aimons tant à faire ce qui nous est défendu ! Vous avez maintenant un détail de plus à garder dans vos souvenirs ; moi, je vais tâcher de l'oublier.

Vous, mes amis du Chili, qui comprenez toutes les distinctions ; vous, mesdames de Santiago et de Valparaiso, qui aimez toutes les noblesses, même celle du parchemin, républicaines que vous êtes, pourquoi me garderiez-vous rancune de ces lignes toutes morales?

Ne souffrez-vous pas vous-mêmes de cette honteuse dépravation que je signale? Je le sais, j'en suis sûr; car vous me l'avez dit. Or, puisque vous m'absolvez, je ne me sens plus coupable, et je serais presque tenté de rendre à ma toile tout son relief.

Vous le savez, vous gracieuses citoyennes du

Chili, dont le souvenir me berce dans cette Europe qui ne vaut pas mieux que vos plaines et vos montagnes, ce n'est pas dans la sphère haute et pure où vous vous baignez que j'ai trouvé les héroïnes de ma toile : je n'ai donc rien à redouter de vos colères ; et si, contre toute espérance, vous me blâmez de la crudité de ma palette, je m'incline, je m'agenouille ; je me frappe la poitrine et je demande mon absolution... Étendez vos petites mains sur le front du pénitent.

ÉCLAIR.

— Histoire de Davidson. — Secousse de tremblement de terre. —

On m'a dit fort souvent : Vous voyez, n'est-ce pas? Vous voyez avec vos doigts, avec votre intelligence, avec vos souvenirs, avec votre passé si rayonnant?

Les choses que vous voulez absolument connaître, est-ce que votre tact ne vous les montre pas sous toutes les formes, quelquefois même sous leurs couleurs? Non, mes amis; l'aveugle qui a perdu la vue, alors que la nature lui avait déjà montré ses richesses, n'a pas le privilége de celui qui n'a jamais connu la splendeur du soleil, la douceur du sourire, la pureté du regard, l'harmonie des couleurs, la magie de la distance.

Ce dernier a pu se faire et se fait réellement un livre à part, un dictionnaire, une logique à part, qui lui donne raison au milieu de ses ténèbres et qui le console de sa pauvreté.

— A quoi comparez-vous l'écarlate? lui demande-t-on.

— Au son de la trompette, répond-il sans hésiter.

On lui a dit que l'écarlate était éclatante, vous voyez l'analogie.

— Qu'est-ce qu'un sourire? demandai-je un jour à un de mes compagnons d'infortune, aveugle de naissance.

— C'est une caresse, me répondit-il en me serrant la main.

Il n'avait jamais vu ni le sourire de la pitié, ni celui de la colère, ni celui du mépris; il n'avait vu ni le sourire de la haine, ni celui du dédain, ni celui de la trahison.

Il y a des pauvretés qui sont des richesses, je viens de vous le démontrer.

On apprend à voir comme on apprend à parler,

à marcher ; et puisque je suis en train de causer avec vous, puisque le flot meurt silencieux à mes pieds et que la brise du large me caresse le front, laissez-moi vous dire les transports d'ivresse d'un homme que j'ai connu à Londres et à qui le ciel avait réservé une de ces épreuves qui tuent ou qui rendent fou.

Daniel Davidson avait perdu la vue à un âge où l'on n'en apprécie pas l'immense bienfait ; il avait vu à peine quand le soleil se voila pour lui, et la science et la douleur épuisèrent vainement plus tard leurs efforts pour lui rendre ce que le ciel lui avait ravi.

On s'habitue, dit-on, à l'infortune... Qui dit cela? Les gens heureux.

Voilà quinze ans que je cherche ce qui m'a été volé, voilà quinze ans pour moi que les nuits succèdent aux nuits, et chaque matin quand le bruit de la rue me dit que le jour est venu, le blasphème est près de s'échapper de mes lèvres et de mon cœur.

Pour l'aveugle tout est amertume et désolation, car tout ce qui se passe auprès de lui dit sa misère; c'est le pas rapide courant à travers les obstacles, c'est le blond enfant jouant au cerceau, c'est le frôlement de la robe de soie qui vous dit qu'une femme est là, vous saluant avec une larme.

Tenez, laissez-moi vous parler de Davidson, et oubliez le deuil éternel du conteur.

Appuyé sur le bras de sir Davy, médecin de sa maison, il traversait un jour *Regent street* près de *Circus*, lorsque, effrayé par l'avertissement répété d'un cocher, il abandonne le bras de son guide et s'élance vers le trottoir.

Le cabriolet arrive, le heurte, Davidson tombe, s'ouvre le front contre une saillie, se relève et pousse un cri frénétique. Sir Davy se précipite.

— Qu'avez-vous, mon ami? lui dit-il avec anxiété.

— Je deviens fou, je suis fou, lui répond Davidson, les mains ensanglantées sur les yeux.

— Calmez-vous, Daniel, cette blessure ne sera pas dangereuse.

— Ce n'est pas cela qui me trouble, qui m'agite; je crains un rêve, je n'ose pas regarder.

— Pourquoi donc?

— Dieu est Dieu... Je vois, je vois. Une chose est là, près de moi... je touche ce que je veux toucher, mes sens se troublent; j'ai peur!

— Rassurez-vous et bénissez l'Éternel, lui dit le docteur en lui bandant les yeux avec son mouchoir; ne touchez pas à ce voile, il sera vo-

tre second sauveur. Venez, mon ami, rentrons ;
la foule qui nous entoure prie pour vous ; voici
une voiture, montons.

Quelques instants après, la famille de Davidson priait aussi ; le docteur seul craignait qu'un
rapide éclair n'eût passé sur le front de son ami ;
et, dans tous les cas, il invoquait la science dont
le ciel pourtant n'avait pas besoin.

Dès que sir Davy se fut convaincu qu'en effet
le jour était rendu à Davidson, il décupla les
bandeaux, tint son ami dans un appartement fermé
à la lumière, et ce ne fut que lentement, lentement, qu'il l'habitua aux rayons.

Cependant, le jour de la grande épreuve était
arrivé. Davy réunit dans un salon la famille de
Davidson, tremblante et heureuse à la fois, et
quelques-uns de ses savants confrères, pour lui
venir en aide au besoin et pour étudier les phéno-
mèmes qu'il avait prévus.

Un profond silence régnait dans l'appartement
ouvert à un jour ménagé.

— Prenez mon bras, dit le docteur à Daniel,
et venez vous placer à mon côté, sur un fauteuil.
Vous tremblez, mon ami, vous êtes agité ; si
vous n'avez pas la force de vous calmer, si vous
n'avez pas le courage de recevoir le bienfait inat-
tendu dont le Tout-Puissant vient de vous doter,
j'attendrai encore ; me promettez-vous du calme ?

— Oui, mon ami ; mais ce moment est si solennel que j'ai besoin de prier Dieu pour qu'il me
donne de l'énergie.

— Priez et calmez-vous.

— Mon Dieu, venez-moi en aide, dit Davidson,
et que votre volonté s'accomplisse ! Qui donc est
auprès de moi ?

— Votre mère à genoux, répond le docteur,
vos sœurs, votre père et quelques-uns de vos
meilleurs amis.

— C'est bien, maintenant que Dieu parle, je
me soumets.

— A la bonne heure ; mais soyez obéissant ;
faites exactement ce que je vous ordonnerai de
faire ; ne tournez la tête ni à droite ni à gauche,
regardez devant vous, où je vous dirai de regarder.

— Votre élève va vous obéir, répondit Daniel
avec un sourire empreint de mélancolie ; parlez.

— Vous savez, mon ami, ce que c'est qu'une
table, un chien, un enfant ?

— Oui.

— Eh bien ! à deux pas de nous, j'ai placé sur
une table un chien et un enfant ; ils sont là et
sont les premiers objets que vous allez regarder,
que vous allez voir. Mais pas trop d'émotion, ou
je retarde l'épreuve ; courage, Daniel, voici le
jour.

Davidson devint pâle comme un linceul, et le bandeau fut replacé à l'instant même.

— Pardon, mon ami, pardon, s'écria Daniel avec des sanglots; mais quand je pense que demain, aujourd'hui peut-être, je pourrai courir au-devant de ma mère, qu'il me sera permis d'aller à ma volonté prendre les mains de mes frères, de sourire à un sourire, ma raison s'en va, et, dans la crainte de démériter de Dieu, j'ai presque aussi peur du jour que des ténèbres.

— Retirez-vous, retirez-vous, dit sir Davy d'une voix sévère; retirez-vous, mes amis, Daniel est sans courage; qu'il subisse donc les conséquences de sa lâcheté.

— Non, docteur, me voici tout à fait calme, mes pleurs m'ont fait du bien; maintenant j'obéis, ordonnez.

— Je vous crois. Tout à l'heure je vous ai demandé si vous saviez ce que c'était qu'un enfant et un chien, et vous m'avez répondu que vous le saviez. Là, sur une table, j'ai placé l'enfant et le chien; ne regardez qu'eux, je vous en prie.

Le bandeau fut enlevé une seconde fois.

— Mon Dieu, que c'est curieux! s'écria Davidson; qu'est-ce que cela qui remue?

— C'est un enfant, c'est un chien, tous deux sur une table.

— Quel est l'enfant? — Quel est le chien? Je

ne puis pas le savoir, je ne les vois pas avec mes doigts, ce n'est qu'ainsi que je puis les reconnaître.

— Soit, nous allons vous les montrer ainsi.

Le bandeau fut replacé sur les yeux de Davidson, qui fit deux pas et reconnut aisément au tact les deux objets qui lui étaient présentés.

— Maintenant, retournez à votre place, dit le docteur.

Et pendant qu'il s'asseyait, on déplaçait l'enfant et le chien.

— Eh bien ! demanda sir Davy, vous ne vous tromperez pas maintenant ? désignez l'enfant, désignez le chien.

— Ce n'est pas difficile, dit Davidson, le chien est à gauche et l'enfant est à droite.

C'était le contraire qu'il aurait fallu dire.

Je me répète, on apprend à voir comme on apprend à lire, à marcher ; l'enfant a besoin de lisières, il ne calcule pas mieux les distances que le danger, et Davidson était redevenu enfant ; on lui montrait la flamme d'une bougie, il s'y brûlait le doigt pour la désigner ; dans la rue il cheminait toujours les bras en avant, de peur de se heurter contre tout ce qui était même hors de sa portée ; et, une nuit où la lune trônait au ciel, il tomba à la renverse, en disant au docteur que Dieu lançait sur sa tête un globe de feu.

Cependant son éducation se faisait petit à petit ; l'heureuse famille de Davidson souriait aux observations du néophyte, et, sans crainte pour l'avenir, elle essayait de lui faire comprendre les effets de la perspective dont il ne pouvait se rendre compte...

Hélas ! pendant six mois Davidson avait vu se lever le soleil ; il avait vu verdir et se couronner les forêts, le ruisseau courir, la fleur se colorer ; il avait admiré la succession régulière du jour et de la nuit ; il comprenait l'enivrement du regard en harmonie avec la parole ; il allait, le matin, le soir, porter un baiser sur le front de sa mère.

Il se réveille.

— John, ouvre les croisées.

— Mon maître, elles sont ouvertes.

— Dis-tu vrai ? Damnation ! damnation ! je suis redevenu aveugle.

Un an plus tard, on enterrait dans le jardin de Bedlam un fou du nom de Daniel Davidson, qui s'était ouvert la gorge avec un barreau de son cabanon.

Mais pourquoi toutes ces confidences au milieu du récit de mes voyages ? Pourquoi ? le voici :

Le 15 du mois dernier, je vous l'ai dit, vers six heures du matin, un tremblement de terre a épouvanté Valparaiso. Je me suis éveillé à la secousse, qui a duré vingt-cinq secondes, et j'ai vu, certainement j'ai vu, non pas seulement la clarté, mais encore la forme et la couleur des objets qui m'entouraient.

Hélas ! je n'avais à mes côtés ni frères, ni amis, ni femme pour recevoir la suavité de mon regard.

Oh ! que j'envie le bonheur de Davidson !

TEMBLOR.

- Prières inachevées. — Suites d'un bal et d'un tremblement de terre à Valparaiso. — Cris sinistres des serenos. —

Hier, 13 novembre, à dix heures du matin, le sol fut violemment ébranlé par deux secousses qui durèrent vingt-cinq à trente secondes.

La mer était calme, le ciel brumeux ; mais nulle brise à l'air, nulle chaleur inaccoutumée. Les chiens de la maison du consulat, où je demeurais, hurlaient d'une façon lamentable, et, par contre-coup, dans une cage où gazouillaient avant le jour quatre serins joyeux, régnait un silence de deuil, précurseur d'un grand événement... Tout à coup, pareil au roulement du

tonnerre, un bruit sourd envahit l'espace : la
terre s'agite horizontalement du nord au sud,
puis se repose pendant une seconde, reprend son
mouvement oscillatoire, et semble menacer la
ville d'une destruction soudaine.

Je m'étais élancé hors de ma chambre, et debout, sous ma porte entr'ouverte, j'entendais les
lamentations des domestiques et des voisins agenouillés. *Dios mio ! Dios mio ! gracias ! gracias !
gracias !*

La pudeur est vaincue ; mais moi, pauvre
aveugle, je n'ai pu retirer aucun bénéfice de sa
défaite. Là, près de moi, de charmantes filles,
sans vêtements, les yeux et les mains au ciel,
demandaient pardon à Dieu de leur doux rêve
interrompu, tandis que, presque à leur côté, de
beaux adolescents, assez épris pour ne voir dans
la créature que l'image du Créateur, ne déta-
chaient pas leurs regards des murailles crevassées, comme si la fille qui prie n'avait pas le
pouvoir d'apaiser la colère céleste.

Dans ce passage si ridicule et si monotone
qu'on appelle la vie, il est cependant à remarquer
que, fort souvent, le rire et les pleurs, la farce
et le drame cheminent pas à pas, côte à côte,
comme des ennemis intimes. Cela est vrai chez
nous, en Europe, en Chine, dans tous les archipels, sous toutes les zones, au sein des steppes les

plus sauvages, au milieu des oasis les plus parfumées ; cela est vrai chez le pauvre, chez l'opulent, chez le crétin, chez l'homme de génie ; cela est vrai depuis le commencement des siècles qui n'ont peut-être jamais commencé ; cela sera vrai jusqu'à la fin des siècles qui ne finiront probablement jamais. Hier la terre tremblait et les hommes tremblaient avec elle ; l'un d'eux, plus terrifié que la foule, se précipite hors de son logis et, les pieds nus, le corps frissonnant, la voix saccadée, il s'écrie : « Pitié, mon Dieu ! pitié pour le pauvre pécheur ! Oui, j'ai volé Martial, mais je restituerai ce que j'ai volé ! Oui, j'ai trompé Mercédez, mais je lui rendrai ce qu'elle a perdu par ma déloyauté... Pitié, ô Dieu de miséricorde ! Je te jure... »

Les secousses avaient cessé, les prières cessèrent avec elles, le serment du voleur ne fut pas achevé ; il rentra chez lui honteux de sa stupeur. Il répond aujourd'hui à ceux qui ont entendu ses paroles qu'on ne doit pas tenir les promesses arrachées par les menaces des hommes ou de Dieu ; un nouveau tremblement de terre obtiendra sans doute un plus heureux résultat. Fasse le ciel qu'il ait lieu demain ! Mercédez et Martial sont de moitié dans mes souhaits.

Puisque je suis en train de conter et que j'écris presque mot pour mot la causerie de la spirituelle

Carmen Cortez del Alcazar, permettez-moi de remplir les pages blanches que j'ai là sous la main.

Il y avait bal dans une grande maison de Valparaiso ; de jeunes et belles filles, et il y en a beaucoup ici ; de jeunes et beaux garçons, il y en a très-peu, dansaient et valsaient aux accords d'une musique harmonieuse, mais sans castagnettes.

La fête était joyeuse, des flots de lumière ruisselaient de toutes parts ; les pensées allaient leur train de poste, comme les pieds qui ne semblaient pas toucher le sol, comme les cœurs qui battaient la mesure... Pataplan ! l'appartement crie et s'affaisse...

Tout le monde est sur l'escalier en débris ; on hurle, on pleure, on prie, on est sur la place publique pêle-mêle, au milieu des ténèbres les plus profondes ; et comme le hasard, ce fatal dominateur de toutes choses, a voulu être de la partie, il est arrivé que jeunes et jeunes ne se sont point séparés et que vieilles et vieux ont trébuché côte à côte.

Hélas ! les blessures reçues cette nuit par quelques-unes des danseuses eurent une certaine durée, et plusieurs mois suffirent à peine pour la guérison des pauvres écloppées, vivant toujours dans la crainte de Dieu et des tremblements de terre.

Je vous ai parlé des serenos, meute bruyante, écrasante, vous arrachant au sommeil comme avec des tenailles et jetant la colère à votre âme qui les maudit.

Eh bien! le cri du sereno, quand il dénonce un tremblement de terre aux citadins à demi assoupis, est un cri sinistre, fatal, qui vous émeut et pousse même l'impie et l'athée vers la croyance d'un Dieu qui punit et récompense.

Le mot *temblor* dans la bouche du sereno, quand la nuit est sombre, quand le vent souffle, quand la mer gronde, est une exhortation à la prière, une invitation au repentir.

Une minute, deux tout au plus, et Concepcion fut un monceau de ruines... Le pied des Cordillères repose sur la lave incandescente, et tôt ou tard le salpêtre et le bitume se feront jour à travers les masses granitiques qui les emprisonnent.

J'ai peur pour Valparaiso, parce que je suis loin de Valparaiso; d'autres diraient qu'ils ont peur parce qu'ils habitent la cité chilienne... Il me semble que ma frayeur est moins honteuse.

J'écris ces lignes loin des amis que j'ai laissés là-bas; la distance apprend la terreur.

ÉTOILES FILANTES.

— Est-ce un volcan ou l'âme de sainte Gertrude ? Mon guide José. — Son idée sur la descente des âmes.

———

Dès que vous avez quitté la ville, vous êtes dans le désert. Non pas ces déserts ténébreux dont l'Afrique centrale est appauvrie; non pas ces solitudes marâtres que le Spitzberg et le Groenland jettent sous les pas de l'explorateur pour le forcer au repentir de ses témérités, mais un désert sans colères, sans irritations, sans vengeances.

Vous gravissez une des crêtes rougeâtres qui emprisonnent la cité que les voyageurs ont si follement nommée *Valparaiso, Vallée du Paradis;* vous dominez les plus hauts édifices, vous jetez un regard observateur sur le panorama qui vous entoure et dont la nuit chilienne ne voile ni les richesses ni les pauvretés, et, oublieux un moment de votre patrie, vous recueillez vos pensées, qui cessent malgré vous d'être vagabondes.

Voyez l'étrange privilège de cette terre du Chili, si bizarrement tailladée! Point de gazon à vos pieds, point de verdure sur votre tête, vous

doutez presque de la végétation dans les alen-
tours de Valparaiso, et la brise s'y promène en
liberté, sans caresse pour la chevelure d'un seul
arbre que votre regard demande vainement au
sol indigné de cette pauvreté.

De larges ravins, des déchirures profondes
servant de lit à des ruisseaux courant à travers
les roches granitiques, un ciel bleu, diaphane,
embaumé, l'Océan dans le lointain, vous au
centre du tableau ; et, rompant le silence de cette
nature morte, le cri sauvage du condor descen-
dant des pitons blancs de la Grande-Cordillère...
Vous êtes en extase, et vous comprenez ici, plus
que dans toutes les autres parties du monde,
combien le bonheur peut être dans le silence, le
repos et le recueillement.

Après deux heures d'une béatitude céleste,
j'appelai mon guide assoupi non loin de moi, je
me levai reconnaissant et réfléchi, mais je re-
tombai bientôt sous une secousse terrestre d'une
violence extrême...

— Ceci devait arriver, me dit le Chilien en se
signant ; j'ai vu là-bas, du côté de Palanco, un
point rouge qui s'est bientôt allongé en rubans,
et puis est monté vers le ciel comme une lance
de feu.

— Mon garçon, c'est un volcan qui se fait jour
à travers les couches de granit dont il était vêtu...

— Du tout, monseigneur, c'est l'âme de sainte Gertrude qui monte au ciel, son premier domicile.

— Si toutes les âmes étaient aussi lumineuses, peut-être perceraient-elles les ténèbres qui m'environnent.

— Oui, señor, s'il y avait autant d'âmes que de gens.

— N'avons-nous pas chacun la nôtre ?

— Mon confesseur m'assure que non ; il prétend que les pauvres paysans du Chili n'ont que de l'instinct, comme le bœuf, le chien et le cheval.

— C'est un cheval lui-même, mon garçon ; Dieu a doté tous les hommes des mêmes bienfaits ; nous avons tous une âme.

— Eh bien ! señor, j'étais disposé à le croire, me répondit José avec un sourire de gratitude sur les lèvres.

Nous partîmes, et il me fut aisé de remarquer que mon naïf compagnon se donnait un mal infini pour me cacher quelques-uns de ses mouvements.

— Que fais-tu là ? lui demandai-je d'une voix amicale.

— Je me signe et je prie.

— Pourquoi si souvent et avec tant de ferveur ?

— Ah ! señor, c'est que je n'ai jamais vu tant d'âmes descendre du ciel sur la terre.

— Explique-toi, mon brave.

— Oh ! brave, pas trop ; je vous dirai même, señor Santiago, que je crains fort qu'une de ces âmes maudites ne tombe sur nos têtes et ne nous écrase.

— Quant à moi, je n'en ai pas peur.

— C'est que vous êtes sans doute un franc-maçon, peut-être même un hérétique... Tenez, écoutez ! poursuivit José en se jetant à genoux.

J'entendis en effet autour de nous de légères vibrations à l'air, de petits sifflements aigus, rapides, et s'éteignant bientôt avec un bruit pareil à celui d'une balle de plomb tombant sur un terrain fangeux.

C'étaient des étoiles filantes ; et je ne crois pas qu'en aucun autre pays de la terre ce phénomène météorologique se reproduise si fréquemment.

La science les explique, la poésie les recueille.

Je m'assis à côté de José toujours agenouillé, je m'armai de mon crayon et j'écrivis :

> Toi qui traverses les espaces
> Comme un triste et dernier adieu,
> Toi qui brilles et qui t'effaces
> Sous l'ordre et le souffle de Dieu,
> Es-tu la flamme généreuse
> Qui réchauffe les nobles cœurs ?
> Es-tu la froide avant-coureuse
> De notre deuil et de nos pleurs ?

Es-tu le regard de l'archange,
Trônant au-dessus des éclairs?
Es-tu de la sainte phalange
Dont l'Éternel peupla les airs?
Viens-tu de la terre chérie
Qu'un éclat de foudre ébranla!
Viens-tu du sol de la patrie
Dont le malheur nous exila?

J'avais une mère adorée
Que le ciel me ravit un jour;
Serais-tu la route sacrée
De son amour à mon amour?
Serais-tu la douce espérance
Qui me berce dans mon sommeil?
Ou bien l'ange de délivrance
Qui me sourit à mon réveil?

Non, non, cette clarté fatale
Que semble voiler un linceul,
C'est la lumière sépulcrale
Qui s'étend au bord du cercueil.
Priez, lorsque sortant du gouffre
Elle jette en tous lieux l'effroi.
Oh! priez pour celui qui souffre,
Priez surtout, priez pour moi!

L'ENFANT TERRIBLE.

— Il y en a donc partout. — Combien il y a de temps
que je ne suis plus un enfant terrible.   Les femmes ne
pardonnent jamais qu'après avoir puni. — Papa ou maman,
c'est la même chose. — Madrigal-épigramme. — Vers à
madame ***. — Le pâtissier Maillard, son mari.

———

L'enfant terrible est de tous les pays, il pave
le monde, il date de la création, et je ne sais
pas trop si ce n'est pas en vue de l'enfant terrible que Dieu a dit aux océans de mugir, aux
globes de rouler dans les espaces, au soleil d'é-
clairer l'immensité. Les Kamtschadales ont leurs
enfants terribles; j'en ai vu chez les Feugiens
du Magellan, au pôle opposé; on les pousse du
pied dans le Mexique, dans le Pérou, au Chili,
dans la Bolivie, à Taïti, aux îles Malaises, chez
les Hottentots; et en voici un qui me blesse à
Lima, à Concepcion, ou à Valparaiso, comme si
je n'avais pas quitté Paris, cette capitale du
monde où les enfants terribles ont établi leur
empire.

Si je vous laisse dans le doute du lieu précis
où j'ai paternellement caressé l'enfant terrible
qui m'a tant causé de mal et fait une si profonde

blessure au cœur, c'est que j'ai mes raisons pour cela ; je ne veux pas imiter son exemple : la discrétion est une vertu de la vieillesse, que j'apprends depuis longtemps à pratiquer.

Je voulais passer sous silence ce court épisode de ma vie si aventureuse ; mais une étoile d'or avait rayonné sur mon ciel ténébreux, et il me sembla un instant que Dieu, las de ses rigueurs, se montrait touché de mes remords, car j'ai commis bien des crimes depuis cinquante ans.

O enfants terribles ! l'Éternel créa un enfer pour vous ; prenez-y garde ! Votre front est rose et pur, vos cheveux sont soyeux, votre regard est velouté, quand vous ne louchez pas ; votre main est caressante, votre sourire consolateur ; mais votre langue !... Quel poinçon ! quelle langue de vipère !

Racontons sagement, et provoquons la curiosité sans la satisfaire. Je vous l'ai dit : voilà près d'un demi-siècle que je ne suis plus enfant terrible.

Je me promenais donc, là ou là, autour de la demeure d'un consul, esprit supérieur, cœur droit, âme élevée ; j'écoutais les propos de quelques valets désœuvrés qui me semblaient hostiles à la réputation de probité d'un compatriote dont le nom très-plébéien avait souvent retenti à mon oreille. Je m'en inquiétai, bon pasteur que je

suis, et je résolus de prévenir un scandale. Il
s'agissait de quelques vieilles hardes, qu'un brave
garçon de Paris ou *De Londre* (il y a ici une
malice) avait voulu distribuer, avant son départ,
à des serviteurs fidèles, et que l'exécuteur de ces
ordres retenait de son autorité privée. C'était une
affaire de quelques piastres, voilà tout, et l'on
parlait de procès, de juge, d'intendant ; que sais-
je, moi ? Je voulus m'interposer, et je pris le
chemin de la maison du détenteur des effets.

Je demandai le mari, c'est la femme qui vint.
J'attendais une voix criarde, bâtarde, nasillarde :
un organe doux et pénétrant comme une mélodie
céleste frappa mon oreille. Je fus au repentir
d'être venu, car arrivée veut dire départ, et il est
bien des départs qui sont une douleur.

De quoi parlâmes-nous ? De beaucoup de choses, vraiment ; mais il ne fut pas dit un mot des
vieilles défroques confiées au mari. Le mari également fut laissé de côté. Cependant, comme j'ai
la certitude que ces lignes seront lues un jour
par une ravissante berceuse, comme j'en appelle
à sa loyauté de femme pour protéger ma loyauté
d'écrivain, j'ajoute qu'on jeta bien des paroles
généreuses sur l'audace de mon voyage en Californie et sur mes premières pérégrinations.

Ma position devenait difficile ; j'aurais désiré
ne pas entendre pour avoir le droit de parler à

mon tour, et pour dire tout ce que je trouvais de consolateur dans cette rencontre si imprévue ; mais je dus écouter, et je me tus.

L'orgue n'a pas de sons plus mélodieux, le ruisseau de notes plus caressantes, la brise de cajoleries plus suaves, et tout mon passé s'effaçait dans ce présent ; ma patrie était un canapé, un salon, un léger gazouillement tout près de là, et parfois aussi le mutisme qui a son éloquence.

La désillusion était impossible, mes ténèbres me protégeaient ; d'ailleurs, je me savais en présence d'une femme belle, très-belle ; je devins provocateur, comme tout homme sans espérance : quand on n'a rien à perdre, on est audacieux. Madame M... avait été institutrice à Paris, aussi trouvai-je naturel de lui rappeler ses leçons, en me faisant son élève. Toute femme aime à dominer. Levez la tête pour la regarder et pour l'entendre ; il n'y a pas de honte à cet esclavage ; et cependant n'oubliez pas qu'une main féminine essaye toujours avec joie le tranchant de ses ongles sur celui qui ose la braver.

Madame Ma... a un organe si sympathique et si persuasif, que je vous défie bien de ne pas ajouter foi à ses paroles. D'après elle, sa maison est un cloître, un couvent, un tabernacle, où peu d'élus seulement trouvent accès ; mais alors, comment sa langue dorée dissèque-t-elle les mœurs chiliennes avec tant de perspicacité? Comment est-elle initiée à tant de secrets que les plus intimes ignorent? et comment encadre-t-elle si poétiquement les figures qu'elle livre à son scalpel? Vous croiriez un peintre devant son modèle, vous diriez une image reflétée par la glace la plus polie.

A force de s'étudier elle-même, madame Mai... est devenue très-sévère pour les autres, et ses éloges ont toujours un correctif qui en absorbe une partie. La tête pourrait bien condamner le cœur.

Elle parle... écoutez-la, faites comme moi.

— Madame M. de L... est une femme pétillante d'esprit, le champagne n'enivre pas davantage... Mais elle le sait trop.

— Madame Pastora C... est belle... Mais elle pose avec trop de complaisance.

— Madame de C... a une tête admirable... Mais son corps pousse à l'obésité.

— Madame Sch... est une toute petite chatte blanche par ses allures et sa coquetterie... Mais la chatte blanche a des dents bien aiguës.

— Madame Ber... se met avec un goût exquis... Mais son mari est un sot.

— Madame Bl... est un type de bonté, de grâce, de distinction... Mais elle est si fière de sa ravissante couvée, qu'elle ne laisse jamais rien à dire à ses admirateurs.

Le *mais* fatal arrive toujours là comme une ornière sur la route, comme une chenille sur la fleur, et vous êtes presque heureux de trouver un défaut à celle qui croit en voir chez toutes les autres. Où donc la bienveillance se cache-t-elle ici-bas? A coup sûr, ce n'est ni dans un corset, ni sous un chapeau de fleurs...

Madame Mail... chante comme l'galde, Damoreau ou Dorus... un peu moins bien cependant.

Elle joue du piano comme mesdames Pleyel, Boireaux, ou Martin... un peu moins bien cependant.

Elle peint comme Vernet, Schœffer, ou Winterhalter... un peu moins bien cependant.

Elle fait des vers comme mesdames Valmore, Ségalas, Tastu ou Hugo... un peu moins bien cependant.

Avec toutes ces qualités, où je trouve aussi quelques correctifs, madame Maill... devrait, ce me semble, se montrer un peu plus charitable; mais la femme ne pardonne jamais qu'après avoir puni, et madame Mailla... est femme des pieds à la tête, elle tient de la race féline; cela n'a pas besoin de preuves, *cela saute aux yeux*.

Mais je vous ai dit, il y a un instant, que je m'étais montré téméraire auprès de madame Maillar... et j'ai glissé là-dessus, sans faire mes preuves auprès de vous; les voici. Je vais vous dire ma confession, je veux qu'on m'absolve, assez d'autres péchés pèsent sur ma conscience.

Madame Maillard avait là, sur sa table, deux volumes (elle sait bien que j'écris la vérité); c'étaient les *Souvenirs d'un aveugle*. Je ne pourrais vous dire combien elle mit de grâce dans ses éloges et de bonté dans ses consolations... J'en étais honteux.

— Hélas! madame, des paroles comme les vôtres feraient oublier une grande infortune, si elles étaient sincères; mais je crois à votre pitié plus qu'à votre franchise, et cependant j'ai bien envie de gagner encore quelque chose dans votre esprit. Le prosateur est quelquefois poëte, et si vous voulez me le permettre, je vous montrerai de ses vers.

— J'ignorais qu'il eût ce mérite. Quel est le sujet de cette poésie?

— Un excellent sujet : vous, madame.

— Je les lirai avec plaisir.

— Oh! maman, s'écria la fille de son mari, je voudrais bien les lire aussi moi.

— Nous verrons, mon ange, dit madame Maillard, qui n'était que la belle-mère de cette horrible-charmante créature.

Je sortis, bien résolu à rimer quelques lignes, et à les apporter le lendemain à celle qui devait les inspirer.

Le lendemain, en effet, j'étais chez elle ; l'enfant était seule avec sa bonne qui m'offrit un verre de limonade... Je n'oublie rien.

— Eh bien ! monsieur, les vers de maman sont-ils faits ? me demanda l'espiègle, en sautant presque sur mes genoux.

— Oui, ma petite.

— Oh ! tant mieux ; remettez-les-moi pour que je les donne à papa.

— Mais ils sont pour maman, lui dis-je, un peu déconcerté.

— Papa ou maman, c'est la même chose...

Sotte ! qui a jamais pensé cela ? on voit bien que ton éducation ne se fait point à Paris.

J'avais le papier dans ma main, la petite fille s'en empara et courut toute joyeuse le cacher dans la chambre de sa mère. Heureux papier !

L'intelligente bonne l'avait suivie, et, revenant près de moi, elle me dit tout bas :

— Soyez tranquille, j'ai vos vers ; madame les aura tout à l'heure.

O ravissante soubrette ! ton éducation est de tous les pays.

Il était quatre heures, j'écrivais chez le consul ; un homme se précipite, un chien s'élance sur lui et le mord à la main. Cet homme, c'était M. Maillard, furieux, égaré, indigné qu'on osât adresser à sa femme des lignes plus longues les

unes que les autres, et qu'on fût assez téméraire
pour la tutoyer... L'enfant terrible n'avait pas
manqué à sa mission.

En homme qui sait son monde, M. le consul
chercha à consoler le mari de la blessure qu'il
croyait faite à son honneur et de celle que le chien
venait d'imprimer à son pouce. Il lui dit que la
poésie avait ses licences, qu'on tutoyait Dieu et
son vicaire, les empereurs et leurs ministres, les
femmes et leurs caniches ; il lui apprit qu'on tutoyait les rochers, les fleuves, les arbres, les
bûches, qu'un beau jour il serait tutoyé lui-
même, s'il trouvait un Pindare pour chanter ses
gâteaux et ses petits pâtés (c'est un pâtissier),
et qu'enfin il ne voyait rien que d'honorable pour
l'inspiratrice et l'inspiré dans les vers qu'on venait de lui soumettre.

M. Maillard partit; je ne pus m'empêcher de
caresser le chien et de lui adresser un madrigal-
épigramme, qu'il ne doit pas avoir trop compris, mais que M. Maillard comprendra peut-être :

Pourquoi sur ce butor tes foudroyants regards?
Que t'a-t-il fait, Pollux? C'est un homme tranquille,
Et dans l'art des Félix on le dit fort habile...
Entre frères, mon cher, on se doit plus d'égards.

Le consul a été mon premier juge ; j'en appelle
à un second, aussi équitable que lui : voici mon

crime ; c'est à toi, lecteur, de me condamner ou
de m'absoudre :

Que viens-tu faire ici, loin des vertes prairies,
    Loin des palais majestueux,
Loin des vallons si chers aux douces causeries,
Que balance la Seine en ses bras amoureux ?

Toi qui jettes au cœur des accords si suaves,
Qu'on les dirait baignés dans un rayon de miel,
Que viens-tu faire ici ? Dis, tes premiers esclaves
Sous leur chaine de fleurs enviaient-ils le ciel ?

N'es-tu pas le bonheur avec tous ses prestiges,
La molle rêverie avec tous ses prodiges ?
N'es-tu pas le printemps aux riantes couleurs,
Le baiser sous lequel se taisent les douleurs ?

Seulement une fois, ange, démon ou femme,
Ta note harmonieuse a vibré jusqu'à moi,
Et voilà qu'en mes sens une subtile flamme
M'a rendu ma jeunesse en me livrant à toi.

      Toi, c'est la couronne dorée,
        Notre premier blason ;
      Toi, c'est la patrie adorée
        Qui monte à l'horizon.

      Toi, c'est la divine madone,
        Au souvenir si doux ;
      Toi, c'est le Sauveur qui pardonne
        A qui pleure à genoux.

      Toi, c'est la rose matinale
        Éclose avant le jour ;

Toi, c'est la bouche virginale
S'entr'ouvrant à l'amour.

Toi, c'est la brise aventureuse,
Égarée au désert;
Toi, c'est l'oasis radieuse,
Au dôme toujours vert.

Toi, n'es-tu donc pas la prière,
Qu'un ange nous apprit?
Toi, n'es-tu donc pas la lumière
Que le Ciel nous ravit?

J'étais là-bas aussi, brisé par la tempête,
Moi, de qui l'ouragan des nobles passions
Avait déjà courbé la tête;
Et je m'étais flatté qu'en d'autres régions
Le calme sourirait à ma mourante vie;
Mais, pauvre infortuné, j'ai vécu pour souffrir,
Et quoique l'espérance, hélas! me soit ravie,
Je ne veux plus mourir.

Celui de qui le front ceint de voiles funèbres
Ne sait plus quand la nuit va succéder au jour,
Celui dont le pied marche au milieu des ténèbres,
Doit-il encor parler d'amour?
La faute en est à vous, ô mystérieux être
Qui savez trop charmer;
N'est-il pas criminel de se faire connaître
De celui qui nous aime et qu'on ne peut aimer?

Quand l'œil de feu rayonne
Comme un disque éclatant,
Quand la lèvre frissonne
Au baiser qu'elle attend,

Quand le sang glisse vite,
Brûlant en son chemin ;
Quand l'artère palpite
Au contact d'une main ;
Quand sous un ciel de flamme
Courent des sons fiévreux,
Quand on se sent une âme,
Dis, n'est-ce pas pour deux ?

Puis, enfant, du mystère ;
Le cœur qui sait se taire
Garde mieux son trésor ;
Dire à tous son délire,
Son céleste martyre,
C'est le deuil, c'est la mort.

Donc, femme ou jeune fille,
Crois-moi,
Dès que ton cœur petille,
Tais-toi :
Cache bien sous la cendre
Ton feu,
Dieu seul doit en entendre
L'aveu.

Hélas ! — c'est un hélas impie, — la jeune
femme n'a rien à cacher de son passé limpide ;
elle n'aura sans doute rien à cacher non plus de
son avenir si diapré ; pourquoi donc la sainte
colère du mari, dont je ne veux pas dire les qualités négatives, de peur que vous ne trembliez
pour lui ? Il fait des gâteaux, des biscuits, des
croquets, des tartelettes ; sa trop gracieuse com-

pagne raffole de toutes ces chatteries; il vit dans un
pays spéculateur bien plus que poétique. Les
Chiliens sont patriotes avant tout; ils préfèrent
des regards de bitume à des regards de velours,
une parole saccadée à une parole timide, une
démarche virile à une démarche de pension-
naire.

Qu'a donc à redouter le fougueux pâtissier?

Prenez-y garde, citoyens! la méfiance apprend
le mal, la femme se lasse de tout, *même* du laid,
du sot, du ridicule et des petits gâteaux. Prenez-y garde, pâtissiers-rôtisseurs! les malheurs
arrivent sans crier gare, et les chiens du Chili
ont les crocs aigus.

Croyez-moi donc, hargneux mari, qu'épouvan-
tent des lignes plus ou moins longues adressées
à votre chaste épouse, ayez confiance, la foi sauve;
aveugles et clairvoyants émousseront leurs traits
contre madame au parler si doux; elle est cui-
rassée de la tête aux pieds; je la crois capable de
défendre Orléans; elle se protégera contre toute
attaque..., la poésie, la peinture et la musique
lui venant en aide.

M'en voudrez-vous encore de mes conseils?

LES NOMS PROPRES.

— Course jusqu'à Santiago. — La presse. — José Victorino Lastaria, Marcial Gonzalès, etc.— Madame Cazotte — — Juana Toro de Vicuña. — Madame de la Motte — Madame Mercédès Marin Solar. — La Sapho chilienne. — L'amiral Blanco, etc. —

Lorsqu'en arrivant dans une capitale, vous voyez venir à vous les hommes les plus distingués vous présenter une main fraternelle ; lorsque les poëtes, les orateurs, les ministres, le président vous entourent d'égards et d'affection, par cela seul que votre nom sans tache est arrivé jusqu'à eux, je dis que nous devons à ce pays, à ces citoyens d'élite, une page dans nos livres, une place dans nos souvenirs les plus doux.

Quelques-uns de mes compagnons de voyage résolurent à Valparaiso une course jusqu'à Santiago, la capitale du Chili ; je les y accompagnai. Nous y arrivâmes à travers les sites les plus pittoresques, et, à peine débarqués, la presse nous annonça ; presse vive, passionnée pour la défense ou pour l'attaque de tel ou tel principe, mais oublieuse de ses préoccupations personnelles, pour nous fêter avec une générosité sans exemple dans notre Europe abâtardie.

Vous dirai-je les noms de José Victorino Lastaria, avocat de conviction, éloquent, nerveux, que l'on peut combattre, mais sans cesser de l'estimer; légiste profond, poëte par le cœur, économiste clairvoyant et champion infatigable des droits de tous, athlète toujours debout pour s'attaquer aux abus incessamment dressés contre le progrès et la civilisation? Lastaria n'avait pas besoin de la tribune pour se faire un nom qui rayonne jusqu'à nous. Ses ouvrages, empreints d'une philosophie exempte de faiblesse et de préjugés, suffiraient pour le placer au sommet de l'échelle politique et littéraire de son pays... Merci à lui de ses conseils, alors que nous avons cherché à nous éclairer sur les besoins de sa patrie! Merci à lui, surtout, de cette franche et loyale amitié qu'il nous a offerte et que nous lui rendons avec tant de bonheur!

Oublierai-je, dans ces confidences à tous, cette franchise de manières, ce laisser-aller de politesse si exquise, cette puissance de raisonnement qui ne l'abandonnent pas dans ses causeries les plus intimes, de Marcial Gonzalès, dont le cœur est plus haut que la tête et qui discute avec un égal succès les questions les plus vitales de sa jeune république? Non, non, la plume viendrait chercher notre main si la mémoire nous faisait défaut.

Voici Viel, soldat des pieds à la tête, colonel français, sachant nos gloires dont il a eu sa bonne part, et dévoué jusqu'au martyre à la seconde patrie qu'il s'est donnée. Viel nous appartient.

Palazuelos parle, et une flamme brûlante sort de ses lèvres... Ce qu'il veut, personne au Chili ne le veut plus que lui ; ses yeux, son geste, son accent, tout lui vient en aide pour le gain de sa cause, et sa cause est toujours celle de l'humanité... Fondateur d'une société religieuse, qui naguère comptait à peine vingt-cinq membres, et qui en a maintenant quatre mille cinq cents, il nous disait hier que ses pensées dominatrices le portaient incessamment dans le camp retranché des prêtres, qui étendent leur puissance sur un peuple encore fort arriéré. — Ces gens-là, poursuivit-il avec sa véhémence accentuée, je veux qu'ils soient le Christ de la société ; chez nous ils ne sont pas une fraction, mais une faction, et voilà pourquoi je les poursuis à outrance.

Qu'est-ce que Sarmiento ? Un Argentin éprouvé, fort par l'épée, fort par la plume, luttant à armes égales, mais implacable jouteur dès qu'il sait que le terrain sur lequel il combat est celui de la droiture et de la liberté. Rosas n'aime pas Sarmiento, je le crois bien ! deux éléments en désaccord : celui-là, despote jusqu'à la tyrannie ; celui-ci, indépendant jusqu'au fanatisme.

La plume court vite à tracer de semblables portraits : on étudie tout d'abord les physionomies dont on craint de perdre l'expression, puis on les compare à tout ce qui les entoure, et l'on se demande pourquoi des priviléges en faveur de tel ou tel.

La méditation et le travail ont-ils fait Sarmiento ce qu'il est? Non sans doute. Vous aurez beau pétrir un Hercule avec de l'argile, votre demi-dieu tombera sous la première secousse, et la matière redeviendra matière. Le marbre et le bronze ne sont pas soumis aux mêmes désenchantements, et les commotions laissent intacts et debout les héros que le ciseau du statuaire a modelés... Leur nature primitive les sauve de la destruction.

Si je ne me trompe, Sarmiento a dû causer bien des insomnies à sa nourrice, et je ne crois pas que le guide de son enfance ait eu beaucoup à se louer de sa docilité ; ses camarades seuls devaient l'aimer, car, bien certainement, il se faisait le défenseur de leur faiblesse, alors que lui-même avait tant besoin de protection.

Que me fait à moi qu'il ait remporté ou non des prix dans les colléges? Un de nos écrivains les plus distingués n'en a jamais gagné que deux, celui de la santé et celui de la natation, et il est maintenant une des gloires de son pays.

Courons vite dans la vie : voici Sarmiento,
avocat. Il traverse l'Atlantique et vient en Europe étudier nos lois, nos institutions, nos
mœurs ; il y vient pour approfondir et non pour
se distraire ; il se dépouille de son enthousiasme,
afin de mieux juger ; il se colore au contact de ce
que Paris renferme d'hommes d'élite, et le voilà,
penseur réfléchi, écrivant des pages énergiques
et morales, dont il se fait un code pour lui-
même.

Lorsqu'il est près de vous, je vous défie de ne
pas reporter sur lui un second regard... *Quel
est-il?* Telle est la question que l'on s'adresse.
Ce qu'il est, bon Dieu ! lisez ce qu'il écrit; si le
style est l'homme, la pensée l'est bien davantage.
Sarmiento a de l'âpreté comme Caton, de la ru-
desse comme Démosthène ; mais il lui manque la
qualité de Fabius, de Montécuculli : ce n'est pas
lui qu'on appellera jamais le temporiseur.

Aussi, voyez : dès qu'il a voulu que sa république fût une république modèle, il l'a si positi-
vement voulu, que cette nature farouche et
cruelle, haineuse et sanguinaire, hypocrite et
sauvage, appelée Rosas, a jeté sur lui son regard de vautour et fait dresser un gibet.

Livrez Sarmiento à Rosas, que je traduirai
également un jour à ma barre, et le dictateur, je
me trompe, le bandit vous donnera vingt lieues

de terrain, dix mille moutons, cinq mille bœufs, et vous laissera en tête-à-tête avec sa Manuelita, dont vous pourrez à votre aise serrer la taille élégante.

Ceci n'est point de la calomnie, c'est de l'histoire ; c'est l'histoire des jours passés et des jours présents, ce sera l'histoire des jours à venir, si nous n'envoyons jamais à ce Rosas de malheur que des diplomates à l'eau de rose et des canons sans bronze dans la gueule.

MADAME CAZOTTE.

Est-ce parce qu'elle est belle qu'elle est bonne ? Est-ce parce qu'elle est bonne qu'elle est belle ? La question est complexe.

Et d'abord, est-elle bonne ? La colère du papillon n'en est pas moins une colère, et, quoique sans venin, sa trompe est souvent un glaive fort aigu... Demandez aux fleurs qu'il abandonne.

La splendeur de sa chevelure est proverbiale, même au Chili, où presque toutes les femmes ont une magnifique couronne d'ébène. Madame Cazotte tire vanité de ce diadème impérial ; elle aime qu'on lui en parle, elle sourit à l'éloge ; il me semble même qu'elle le provoque, et je ne serais pas surpris que le coup d'aiguillon dont je viens de vous parler tout à l'heure effleurât votre joue si vous cherchiez un parallèle à ces riches bandeaux, à ces anglaises soyeuses qui encadrent si poétiquement cette brune tête du Chili.

Les mains de madame Cazotte m'ont paru petites, élégantes et de bonne maison... On se serre la main à Santiago : imposez donc silence à la calomnie, et permettez à l'aveugle de connaître quelques secrets voilés si souvent, hélas ! pour lui seul.

Madame Cazotte fait fort bien les honneurs de son hôtel ; on y est à l'aise, on y parle musique, poésie, tendresse maternelle, maternelle surtout ; et comment cela ne serait-il pas auprès de ce doux gazouillement de chérubins qui sautillent sur le tapis?... Je les embrassais souvent au front, ma pensée s'arrêtait là, quoique madame Cazotte fût heureuse de mes caresses : opulence et cécité ne voyagent pas de compagnie. Qui fait la cour à madame Cazotte? tout le monde ; et cependant, c'est moins cette masse compacte d'adorateurs que les principes de la femme, qui font la sécurité du mari... Quant à moi, si je possédais les diamants de madame Demidoff, j'aurais peur, je veillerais la nuit, le jour, sans relâche. Et qu'est-ce pourtant que l'éclat de la pierre précieuse à côté du lumineux rayon lancé par la prunelle veloutée de l'enchanteresse?

Ici, je me fais l'écho de la renommée, je répète les syllabes.

D'autres pages viendront après celles-ci ; j'examine, j'étudie le terrain sur lequel je veux combattre... Attendez donc, mes curieux ; patientez donc, mes curieuses ; vous saurez tout plus tard, et puis viendra votre tour.

Juana Toro de Vicuña est calomniée : à quoi bon jouer la surprise ? Elle est belle, elle est généreuse, indulgente ; elle a de l'esprit à vous en donner, à vous et à moi ; elle conte à merveille, son organe est une musique... Pouvait-elle échapper à la langue de la vipère ? Non. J'ai entendu cependant madame Juana calomnier certaines femmes de Santiago, dont la réputation est fort équivoque. Madame Juana seule en faisait l'éloge... Inclinez-vous devant cette générosité.

On a beaucoup parlé des brillantes fêtes données naguère par madame Manunga de la Motte ; moi, je vous parlerai du brillant de sa conversation, de ses allures sans pédantisme, de ses façons d'agir sans bigoterie. Madame de la Motte est Européenne des pieds à la tête ; elle a pris de la civilisation avancée tout ce qui la colore, tout ce qui la fait aimer ; et si Valparaiso reste en arrière, ce ne sera pas la faute du soleil, qui a voulu le réchauffer et l'éclairer à la fois.

La calomnie a-t-elle également frappé madame de la Motte ?

Nul doute; la mégère est citoyenne de l'univers, et à ses yeux les erreurs sont des fautes, et les fautes sont des crimes.

Les erreurs de madame de la Motte, les voici : elle oublie... ses fautes; je les signale : elle domine, elle subjugue ; vous êtes prévenu.

C'est à nous de compléter plus tard le tableau que nous ne faisons qu'ébaucher aujourd'hui : les confidences seront à l'encre rouge.

Madame Mercédès Marin Solar est appelée la Sapho chilienne; la poésie a des ailes de feu. Ossian a chanté au milieu des frimas de l'Écosse ; Byron, dans les brumes de la Tamise et sur les bords de la Troade; Hugo, Lamartine, Ségalas et Valmore, chez nous; le Camoëns, aux côtes lusitaines, et sous les menaces d'Adamastor... L'oiseau chante; on chante à la naissance de l'homme et surtout à sa mort, ce qui est plus logique; le silence même a son harmonie, et l'univers est un orchestre où chacun fait sa partie; nous, avec des sanglots, des amours et des regrets; le hibou, avec son cri fatal; la vipère, avec son bruissement sinistre; le lion, avec son rugissement; les océans, avec leurs colères...

Tout chante ici-bas; madame Solar chante à Santiago les gloires de son pays, les joies de l'amitié, les douceurs maternelles.

Madame Mercédès Solar a une fille : on nous a toujours dit les Muses vierges ; nous donnons un démenti à la fable.

La jeune fille a douze ans à peine, et déjà sa poésie est colorée, toute de sentiment, toute de cœur... C'est qu'au Chili les passions et les raisins mûrissent vite ; c'est qu'au Chili le sang coule rapide dans les artères et que la poésie est autre part que dans la tête.

Que madame Solar y prenne pourtant garde ! l'encens enivre vite, il monte au cerveau, il ne purifie pas toujours ; et, vous le savez, señora, vous ne l'ignorez pas, señorita, rien n'est mortel au génie comme la louange ! Le mot génie a été si largement prodigué que nous sommes sages en nous tenant en défiance contre toutes les prétentions à mériter qu'on nous l'applique.

Mais à quoi bon poursuivre en ce moment mon examen, puisque je dois retrouver plus tard, dans un autre livre, les noms si chers à mes souvenirs ? Celui de Blanco, entre autres, plus distingué encore par l'éclat de son mérite personnel que par la haute position qu'il occupe.

L'amiral Blanco est à la fois l'amour et l'orgueil du Chili, comme il est aussi l'appui des étrangers qui s'adressent à sa justice.

Inclinez-vous en présence de cette famille privilégiée que je vous défie bien de voir sans regrets, alors que vous pensez au départ. Trois fois salut au nom de Blanco !

Ne serait-ce pas également de l'ingratitude d'oublier les Gomez, les Valenzia, les Gutieres, dont la plume est un bouclier et un glaive, et qui poursuivent ici l'œuvre d'émancipation qu'ils ont bravement commencée sur les bords de la Plata ?

Les Cazotte, les Blanchard, les Grisar, de si mélodique mémoire, occuperont quelques feuillets de mon livre, et je me hâte de le dire, de peur qu'ils ne m'accusent d'ingratitude, d'accord avec les Cortès, qui savent très-bien combien il y a, dans mon âme, de place pour la reconnaissance.

DÉLASSEMENTS.

————

Peignons les mœurs par les contrastes ; le point de comparaison empêche de s'égarer.

En général, on appelle *sauvage*, en Europe, mais surtout à Paris, tout bipède pensant qui ne porte ni habits, ni chapeau, ni cravate, ni gants jaunes : pour vous autres cosmopolites immobiles, le sauvage est celui qui ne s'assied pas à une table splendide, qui ne comprend ni Boïeldieu, ni Auber, ni Halévy, ni Donizetti, ni Hugo, ni Chateaubriand, et le sauvage est, pour vous, cet homme noir, jaune ou cuivré, vivant dans les bois, sur les plages, dans des huttes, de la chasse, de la pêche et quelquefois même de rapine.

Selon vous, il n'y a nul sauvage dans vos cités si bien alignées, dans vos jardins si coquettement fleuris, dans vos promenades si mollement om-

breuses, et l'on n'en trouve que dans de rares
archipels océaniques, vers les cimes des Monta-
gnes-Rocheuses ou au pied de ce formidable
Mowna-Kah, dont les laves sans cesse bouillon-
nantes engloutiront peut-être un jour Owhyée,
qui abrite, au fond d'une de ses rades, les restes
de Cook, rivés dans un cercueil de plomb.

Eh bien, je vous dis, moi, que vous vivez dans
une étrange erreur. Pour connaître les hommes
il faut les étudier chez eux, au milieu de leurs
joies, de leurs tristesses, de leurs passions.
Écoutez.

La scène se passe là-bas et ici, dans l'archipel
des Navigateurs et au Chili; quatre acteurs, cinq
au plus, y figurent : M. Morue, capitaine de navire, deux jeunes sauvages, l'une âgée de vingt-
cinq ans, l'autre de dix-huit, se groupent auprès
de M. Blanchard, dessinateur et diplomate à la
fois, mais surtout physiologiste émérite, qui raconte comme il écrit, et qui écrit comme Louis
Reybaud. M. Morue, mouillé à une grande distance de la principale île des Navigateurs, avait
défendu à son équipage de recevoir une seule
femme à bord; mais où sont les fissures au travers desquelles ces démons familiers ne parviennent point à se glisser, quand elles sont guidées
par un caprice de la tête ou du cœur? Avouons
aussi que les hommes de l'équipage du brick,

voyant nager autour de la carène immobile **deux
intrépides insulaires** chargées d'un petit **bagage**
de linge, leur tendirent une main protectrice **et**
les aidèrent à escalader le bastingage.

Le capitaine, arrivé de terre, dérapa, mit à la
voile, courut bonne brise pendant toute la nuit,
et ce ne fut que le lendemain que les deux fugi-
tives se montrèrent sur le pont.

M. Morue, irrité, voulut virer de bord et les
reconduire à leurs royales familles ; mais, touché
de leurs larmes et de leurs prières, il poursuivit
sa route et vint mouiller en rade de Valparaiso.

A peine débarquées, les deux femmes, vêtues
à peu près comme Ève avant d'avoir mordu à la
pomme, se virent l'objet de la curiosité publique
la plus importune. La foule accourue les pour-
suivait de ses regards, de ses railleries, de ses
sarcasmes ; chacun voulait entendre parler ou
aboyer les nouvelles venues ; chacun voulait les
toucher de la main ; elles ne pouvaient faire un
pas, et ce ne fut qu'à grand renfort de gardiens
qu'on parvint à les dégager.

Deux vendeurs de poisson passaient en ce
moment, portant leur marchandise dans des pa-
niers en osier : les deux femmes, inspirées de
leur passé, s'élancent, s'emparent des victimes
qui leur paraissent les plus succulentes et les

avalent, queues et arêtes, avant que M. Moruc ait eu le temps d'empêcher le larcin.

Pendant la journée, l'hôtel où s'était réfugié M. Moruc se vit entouré comme on le fait chez nous quand arrivent dans un village un ministre, un député de l'opposition, un géant ou une troupe de marionnettes. Il y eut sérénade, j'allais dire charivari, et les deux femmes, aux bras de leur conducteur, furent contraintes de se montrer à la croisée pour recevoir les *vivat* de la population en émoi.

Le lendemain, la plupart des comptoirs se virent désertés ; on courait dans la ville, on s'interrogeait, on se demandait ce qu'étaient devenues les incomparables sauvages, et dès qu'une figure à peu près inconnue glissait près d'un groupe, on s'émouvait et on criait : Les voilà !

Que de jeunes Chiliennes qui, en cette circonstance seulement, ont été appelées sauvages !

Cependant on se façonna petit à petit aux allures des deux insulaires, que M. Moruc avait affublées, tant bien que mal, d'une robe d'indienne ; mais elles, indépendantes et libres jusqu'à l'audace, jusqu'à la licence, se couchaient çà et là sur les trottoirs des rues, sur le sable du rivage, et dès qu'elles voulaient se donner une joie bien vive, elles se rendaient dans un café, se plaçaient debout sur une chaise et admiraient les joueurs de billard... J'aurais fait leur conquête.

On se lasse de tout, même de la civilisation, même de la sauvagerie, même du bonheur peut-être !

M. Morue partit, lesté de ses deux conquêtes, qu'il voulait ramener dans leur pays, et dont M. Blanchard avait retracé les traits sur une toile; hélas ! elles moururent en route, et l'Océan les voile aujourd'hui.

A quelque temps de là, une jeune fille, venue aussi de l'archipel des Navigateurs, se faisait également débarquer à Valparaiso; elle allait à la recherche de sa mère, cette femme de vingt-cinq ans, qu'elle ne devait plus revoir. M. Blanchard apprend l'arrivée de la pauvre enfant, il l'appelle chez lui; elle entre dans un salon où le consul avait placé avec intention le portrait des insulaires.

La jeune fille jette un regard sur le cadre, pâlit, tremble de tous ses membres, s'affaisse sur elle-même, cache sa tête entre ses genoux et répand un torrent de larmes...

C'était une sauvage !

Les témoins de cette scène s'attendrissent, ils prodiguent les plus douces caresses à l'infortunée; ils lui font comprendre qu'elle reverra un jour sa mère, et les pleurs de la pauvre petite ne s'arrêtèrent qu'au moment où M. Blanchard lui fit cadeau de l'image bénie... C'était une fille sauvage !

Et maintenant voici la civilisation.

Rosita est une charmante brune, au regard chatoyant, aux allures souples, juvéniles, à la parole martelée; son œil ne vous regarde pas, il vous interroge; ses lèvres ne sourient pas, elles vous enivrent; ses mains ne vous touchent pas, elles vous enlacent, et vous devinez que son corsage, loin de s'imposer aux formes qu'il emprisonne, subit au contraire les ondulations des globes dont est dotée la poitrine de la belle Chilienne.

Ne courez pas trop vite après Rosita, car elle ne fuit que pour qu'on la rattrape, et je ne sais pourquoi elle trébuche toujours, sitôt qu'elle s'aperçoit qu'on se lasse à la course... Si je ne vous ai rien dit de la chevelure de Rosita, c'est que vous ne croiriez pas à son opulence, et que, d'ailleurs, je ne veux pas trop vous faire regretter ce Chili si bizarre par ses contrastes, si curieux par son individualité, que je quitterai avec tant de regrets...

Mais cette Rosita, quelle est-elle? Une grande dame dans un pays républicain? Une bourgeoise enrichie, une noble fille ruinée, une artiste brillant au théâtre, une modiste trônant à son comptoir? Rosita est-elle vêtue de soie ou d'indienne?

Se coiffe-t-elle du chapeau, ou seulement de ses tresses soyeuses tombant sur ses jarrets? Rosita se gante-t-elle? sait-elle lire et signer son nom? Le cœur de Rosita répond-il plutôt à un cœur de roturier qu'à un cœur de grandesse? Et d'abord, en a-t-elle un comme vous et moi, ou plusieurs comme d'autres minois féminins envahissant les espaces?

Voilà bien des questions! voilà bien des incertitudes pour une simple servante, pour une fille qui se loue cent piastres par an, et que madame Dolorez B*** vient de renvoyer de chez elle parce que la pauvre fille est mère, et que son enfant pleure du matin au soir, sans compter les vagissements du soir au matin.

Rosita est sortie, boudeuse, humiliée, en colère; elle regagne son domicile, s'assied par terre, pose son enfant sur un meuble et s'assoupit... Le chagrin vous rend parfois ce service.

Mais un tremblement de terre se fait sentir, vous savez qu'ils sont fréquents ici. Rosita se lève épouvantée; l'enfant s'agite... ses petites mains cherchent un appui qu'elles ne trouvent pas, il roule, tombe, s'ouvre le crâne contre une saillie et meurt.

Sa mère est là, près de lui, haletante; elle interroge les artères, s'assure que le pouls est sans battement, la bouche sans haleine, l'œil sans regard... O bonheur! Rosita n'est plus menacée dans son présent ni dans son avenir.

L'heureuse mère accourt, elle s'élance dans l'appartement de madame B***, se pose fièrement devant son ancienne maîtresse, et lui dit de sa voix la plus radieuse :

— Vous pouvez me reprendre, madame, je n'ai plus d'enfant, ma petite fille vient de mourir à l'instant même; et me voilà !

La jeune fille arrivée de l'archipel des Navigateurs et se tordant tout en larmes dans les angoisses du désespoir à l'aspect seul du portrait de sa mère, cette jeune fille, on l'appelait sauvage !...

Rosita est née au Chili, à Valparaiso... c'est une femme civilisée! Et, par malheur, ce n'est pas une exception.

Mais, silence! voici la foule qui se précipite avec de sourdes rumeurs... C'est une immense cohue, c'est une agglomération compacte d'hommes, d'enfants et de femmes, tous le regard fixé sur un point, tous se disant les émotions du moment, les craintes qui les accablent, les espérances qui les dominent.

Sur ce terre-plein marchent des soldats silencieux, le fusil à l'épaule, et, au milieu d'eux, vous voyez un âne conduit par deux valets, traî- -nant une peau de bœuf desséchée qui presse le sol avec un bruissement sinistre, et sur laquelle est fortement amarré un patient à côté d'un religieux. Qu'a-t-il fait? Il a peut-être profané une église, frappé un prêtre en habits sacerdotaux, ou tué de son *cuchillo* un misérable qui tentait de séduire sa sœur. On va le fusiller; il a du cœur, il voudrait marcher au supplice... on l'y traîne, comme on charrie à peu près, chez nous, vers Montfaucon, le cadavre d'un cheval mort de vieillesse. Quelques heures après, vers minuit, des hommes armés de lanternes viennent chercher un débris humain, l'emportent en sifflant et le jettent dans la fosse commune. Tout est dit pour ce monde. Voulez-vous me raconter ce qui se passe dans d'autres pour les victimes et pour les bourreaux?

Du drame à la comédie, il n'y a qu'un pas; franchissons-le sans digression, et voyons la morale qu'on peut tirer du fait que je vais vous raconter. Peut-être modifierez-vous votre opinion d'après la mienne, j'aime mieux ne pas vous dire ce que j'en pense.

Et je vous préviens tout d'abord, mes chers confrères de Paris et de la province, que je vous livre la véridique anecdote, avec permission d'en tirer le parti qui vous conviendra.

Vous, Scribe, notre maître à tous, notre roi, notre empereur, notre président, faites-en un

vaudeville, comme ceux que vous pondez au jour
le jour; nous attendons le chef-d'œuvre. Toi,
Dennery, taille ta plume et charpente une œuvre
comme la *Dame de Saint-Tropez*, ou *Marie-
Jeanne* de si terrifiante mémoire; vous, Duvert
et Lauzanne, Clairville, Varin et vingt autres
que je ne veux pas nommer, car ma plume se
fatigue, demandez lecture; il y a, je crois, un sujet piquant dans mon récit.

Carmen Iriarte,—je vous avoue que je ne vous
livre pas le vrai nom,—Carmen était une ravissante jeune fille qui se sentit un cœur à l'âge où
chez nous on joue encore à la poupée. Hélas! la
poupée de Carmen abusa étrangement des caresses enfantines de la pauvre Chilienne, puisque un beau matin, avant que son père et sa mère
eussent quitté leur chambre, elle entra pâle,
tremblante, et le sein battant fort... la voilà
maintenant à genoux, les yeux baignés de larmes,
et demandant avec des sanglots le pardon d'une
faute qu'elle ne pourra bientôt plus cacher au
monde.

Il y eut du désespoir dans la maison, car toute
réparation devenait impossible. Le séducteur était
un misérable sans foi ni loi, sans fortune, sans
famille : un sacrifice était accompli, la pauvre
mère de Carmen n'en voulut pas imposer un second à sa fille repentante.

Toute la famille se retira dans une propriété voisine de Valparaiso. La mère seule venait de temps à autre à la ville et montrait avec bonheur à ses amis les signes non équivoques d'une grossesse qu'elle avait demandée au ciel. Quelques mois plus tard, *elle* accoucha d'une charmante petite fille que vous voyez aujourd'hui se promener bras dessus bras dessous avec Carmen, qui l'aime comme une sœur aime sa sœur; je me trompe, comme une mère aime sa fille.

Allons, allons, le Chili n'est pas tout à fait perdu pour la morale, puisqu'on trouve encore, çà et là, dans ses deux grandes villes, des cœurs assez nobles pour pardonner comme l'a fait cette dame Iriarte, à qui je n'ai jamais pressé la main qu'avec la plus grande affection. Demandée en mariage par un jeune homme haut placé dans le pays, mademoiselle Carmen a refusé le bonheur qui lui a été offert, et il m'a semblé qu'elle se consolait par sa sœur de l'absence du mari.

Tout est bouleversé dans cet Océan si ridiculement nommé Pacifique. Tandis que Manille se crevasse de toutes parts sous les secousses de ses volcans; tandis que ces Mariannes si parfumées et que j'ai laissées si joyeuses bondissent sous la lave qui les brûle; tandis que Valparaiso et le Chili s'agitent fébrilement aux menaces des cratères bouillonnants, voici que la religion mêle sa

voix à la voix des tempêtes et jette la perturba-
tion dans les esprits. Nous sommes en plein
XIXᵉ siècle. Voyez, là-bas, de l'autre côté de la
rade, tous les soirs après l'*Angelus*, de brillantes
illuminations.

Est-ce l'annonce d'une victoire morale ou politique?

Est-ce la naissance d'un prince dans un pays
républicain? Est-ce l'arrivée d'une troupe de sal-
timbanques spéculant sur la curiosité publique?
Non ; c'est une sainte âme, une vraie sainte, une
sainte telle qu'on en faisait dans des siècles déjà
bien loin de nous.

Aussi comme le peuple accourt ! comme il se
signe dévotement dans la rue ! comme il se prépare à la pénitence, cet excellent peuple de Valparaiso !

Cela est aussi simple qu'un fabliau ; mais cela
est plus vrai, cela est incontestable. Malheur à
vous, si vous osiez exprimer votre doute en place
publique !... vous seriez lapidé.

Il y a quinze jours de cela, on a trouvé sur un
des cerros qui surplombent la ville une pierre
portant cette inscription : « Ici repose l'âme et
non le corps de Conception-Carmelita-Jesus-
Incarnation de la Vega ; *quiconque aura foi en
elle sera sauvé, quiconque protestera sera impie
et brûlé.* »

Les prêtres de Valparaiso ne s'en laissent pas conter aisément; ils sont de la famille de saint Thomas, ils veulent voir et toucher; et les dames de la ville, même les plus grandes, même les plus belles, n'osent pas leur refuser ce privilége.

Ils sont donc partis processionnellement vers Polanco, et, gravissant le mont, ils ont visité la pierre sacrée, puis, d'un commun accord, ils y ont fait dresser une tente où seuls ils ont le droit de pénétrer; et l'un d'eux, allant chercher une jeune fille atteinte d'hydropisie, la montre à la foule, et demande à la sainte une miraculeuse guérison.

Les extrémités de la pauvre malade étaient volumineuses, mais ses seins et son abdomen l'étaient bien davantage, et il fallait que Conception de la Vega eût bien de la puissance auprès de Dieu pour que le miracle s'opérât... Il s'est opéré.

Après quelques heures d'angoisses, la jeune fille, assise sur un fauteuil et parfaitement désenflée, a confondu les plus incrédules, et le docteur, qui l'accompagnait avec les prêtres, a déclaré hautement que ce miracle ne devait point trouver de contradicteurs.

Ce n'est pas tout. Une charmante blanchisseuse, s'étant laissé dérober trois chemises, a porté trois chandelles, trois ignobles bouts de chandelle, sur la pierre en question qui ne fait plus question, et, en rentrant dans son domicile, elle a retrouvé les chemises volées sur sa table, parfaitement lavées et admirablement repassées. Toute la blanchisserie de Valparaiso est en adoration... Gare aux pratiques !

Quant à moi, pauvre aveugle, je vais tout à l'heure demander un rayon de jour à Conception...

J'en arrive; les ténèbres me semblent plus opaques; je croyais pourtant; mais il paraît que la foi ne sauve pas tout le monde en l'an de grâce 1849.

Au surplus, les miracles opérés par la sainte sont si multipliés qu'ils tuent l'incrédulité : c'est à faire honte à Jérémie lui-même. Il n'est presque pas de jour où la jeune fille ne retrouve sa couronne d'oranger perdue, le négociant son honneur compromis, la vieille femme sa fraîcheur envolée... Mais, quelque grande que soit la puissance de l'élue de Dieu, je la défie bien de donner de l'harmonie au cri du sereno, de la politesse au gardien de la ville, de déblayer les rues des sables qui les enveloppent, de jeter un peu de verdure sur les monts de granit qui dominent la rade, d'empêcher le prêtre d'écraser la foule et la foule de trembler devant le prêtre. Je la défie bien d'éteindre le regard fascinateur de la promeneuse du trottoir, d'amoindrir les passions qui trônent au cœur des fillettes dans les couvents, courant après un mari, dans l'espoir d'en avoir bientôt un second. Je la défie bien... Mais non, j'aime mieux la laisser dans tout son pouvoir ; peut-être réussira-t-elle à donner au Chili le goût des lettres, des arts et des sciences, qui valent bien les heureuses spéculations du commerce et dont l'intelligence chilienne est capable d'apprécier les bienfaits... Noble famille de Blanco, jetez le gant, on le relèvera.

Deux jours plus tard, l'illumination fut plus brillante que jamais : c'était un palais enchanté, une de ces fêtes éblouissantes que toutes les royautés du monde jettent en pâture à la curiosité publique pour la préparer à quelque désenchantement. Qu'était-il donc arrivé? Un prêtre monta en chaire, un des prêtres les plus dévots, les plus jeunes, les plus coquets, un de ceux dont le cœur semble le mieux fermé aux tentations de la chair, dont la parole est des plus mielleuses et le regard des plus mystiques ; en un mot, un vrai prêtre chilien, dodu, pimpant, rosé, vivant d'abstinence et de macérations.

La foule était grande, silencieuse et recueillie ; l'homme de Dieu parla :

« Mes frères, dit-il d'une voix pénétrée, l'Éternel est lassé de vos crimes, il vous en prépare le châtiment. Cette nuit, l'ange exterminateur m'est apparu, sa main droite armée d'une épée flamboyante, et ces terribles mots ont retenti à mon cœur comme la trompette du jugement dernier :

« — Fils de Dieu, je te donne mission de prévenir les infidèles de ta paroisse que vendredi prochain, entre neuf et dix heures du soir, au moment même où le démon exerce son plus fatal empire sur les mortels, la terre se soulèvera, la mer envahira la plage, les cloches en mouvement sonneront l'agonie de la ville qui, deux minutes plus tard, ne sera que décombres et ruines. » . . .

Un long frémissement courut dans l'église comme les lamentations d'un million d'âmes en peine...

Le prêtre poursuivit en se frappant la poitrine :

« Et cependant, il vous reste un moyen d'apaiser le courroux du ciel. Vous savez qu'une sainte vient de vous être révélée : eh bien ! que des offrandes lui soient faites, qu'on nous les apporte, que la bienheureuse intercède pour nous, et que l'espérance renaisse dans vos cœurs ! »

Les dons des fidèles furent magnifiques, les aumônes nombreuses, les pénitences longues et rudes... La terre ne trembla pas, la ville demeura debout, et la sainte aura une chapelle sur un des monticules dominant Polanco, à moins

que messieurs les vrais sages, les vrais dévots,
les vrais chrétiens de la cité corrompue ne pro-
testent contre le sacrilége, et ne prêchent à leur
tour que la religion ne veut plus de grimaces,
de frayeurs et de bouts de chandelle. J'espère
en eux.

―――――

ENFIN.

— Adieu, Chili ! — Concon. ― Herradura. — Le Callao. —
Lima. — Encore la mer. — Pierre-Louis Cabasson, né
natif d'Angoulême. — Son Taigne et son Tesquieu. —
San-Francisco. — Premier regard. — Le pion. — Le
jeu. — Les restaurants. — Les Chinois sont les Gascons
des Indes. — Aujourd'hui. — C'était un désert, c'est un
monde. — Les successeurs de Cartouche et de Mandrin.
— Encore Cabasson. — Dillon et Barroilhet. —

―――――

Donc, la Valdivie et le Chili reçoivent mes
adieux ; adieu aux Conception, aux Carmen, aux
Dolorez, aux Conchita, bourdonnant à mes oreilles plus qu'à mon cœur... Adieu aux chevelures
ondoyantes, aux paroles martelées, aux lèvres
provocatrices. Adieu aux stupides serenos pré-
venant les dormeurs qui ne peuvent pas dor-
mir et les amoureux que l'heure de la re-
traite a sonné... Adieu aux *vigilants* dont la

menace est si prompte et dont le lacet est aussi prompt que la menace; adieu, guitares discordantes, chants monotones, danses alourdies, églises peuplées de pénitents incorrigibles, comptoirs spéculateurs, couvents aussi fanatiques que le fanatisme, où se préparent, dans le silence, le déshonneur et la honte des familles.

Adieu, Chili!

La brise du sud se lève comme de coutume; nous la voyons arriver par bouffées d'abord inégales, incertaines, puis grandir, se développer, envahir l'espace, et pousser rapidement vers l'équateur les navires aventureux qui la saluent sous leurs huniers au bas ris.

... *L'Europa* ne marche pas très-bien; il est lourd, massif, indocile à la barre... N'importe, la rafale veut bien ce qu'elle veut, et voici que la terre s'efface... voici que les Cordillères plongent leurs flancs noirâtres dans les eaux, comme si un tremblement de terre venait de les engloutir. Nous avons beau lutter contre la rafale d'ouest, nous ne pouvons nous élever, et les sommets qui dominent Concon se dressent à tribord.

Concon est un petit bourg presque inconnu, sale, puant, isolé; je ne vous en parlerais pas s'il n'était aujourd'hui la demeure d'un homme dont la parricide épée a été si fatale à l'héroïque Espagne... Cet homme, c'est Marroto... Passons vite.

Herradura est un port qu'enrichissent ses mines de cuivre, et dont le Chili pourrait tirer d'immenses bénéfices... mais le Chili dort; laissons-le dans son sommeil.

Entre le Chili et le Pérou se pose, barrière difficile à franchir, le désert de la Bolivie, solitude inconnue qu'on ne songe pas à fouiller et que le jaguar parcourt dans ses bonds dévastateurs.

Salut à la Bolivie et à son port unique, Kobija, plus vaniteux que le Callao et que Copiapo, d'où s'échappent, chaque année, des monceaux d'argent qui feraient honte aux placers californiens.

Mouillons au Callao, ce faubourg de Lima, et voyons si la capitale péruvienne est belle encore de ses tapadas, de ses sayas si coquettes et si protectrices du libertinage. Hélas! hélas! tout s'efface ici-bas, tout disparaît sous le frottement des siècles, tout s'oublie, tout meurt, Ninive, Babylone, Carthage... et la délicieuse saya des belles du Pérou! Comme le monde vieillit vite! Vous dirai-je les mœurs de Lima? Non! vous connaissez celles de Valparaiso... Eh bien! armez votre palette d'un peu plus de bitume, d'un peu plus de rouge, jetez moins de voiles sur les épaules, faites les nattes plus longues, plus parfumées... changez de conquêtes plus que de vêtements ; fêtez le champagne qui monte au cerveau, le jeu qui monte à la tête, les amours qui montent aux cœurs ; comptez à haute voix dans les salons, je ne dis pas le nombre de vos victimes, mais celui de vos complices ; ne croyez ni aux larmes d'une défaite, ni au désespoir des familles, et vous connaîtrez Lima, esclave de ses moines éhontés, de son soleil vertical et de ses mœurs primitives.

Lima n'est fidèle qu'à ses hontes, diraient les philosophes au front ridé ; moi, je dis que Lima est une grande cité qui veut de la joie, des danses et du bonheur, n'importe à quel prix, n'importe à quelle heure... Vive Lima !

Allons, allons, le ciel nous est favorable ; il ne veut pas que le Pérou se reflète trop puissant dans nos souvenirs, et le voilà nous envoyant du sud une de ses bouffées sonores qui poussent les navires malgré eux et les déshéritent de leurs mâts si solidement amarrés.

Plus de Pérou, c'est-à-dire plus de côtes arides, pelées, noires à la base, rougeâtres aux flancs, neigeuses à la cime, voilée par les nuages... Encore la mer, la mer et ses ennuis !... encore l'immense océan Pacifique dont le sommeil est si meurtrier !...

Sitôt que la tempête rugit et menace, ou que le flot silencieux se nivelle, mes souvenirs d'un

passé lointain se réveillent plus vivaces que jamais, et je me rappelle avec bonheur deux hommes à côté desquels j'ai gravi bien des cônes,
essuyé bien des dangers, bravé bien des colères.

A défaut de Marchais et de Petit, dont le type
est peut-être perdu pour toujours, ne dédaignons
pas ce brave garçon, à la voix flûtée, qui vient à
moi, faible comme la brise, dont les voiles éle-
vées reçoivent le dernier soupir.

— Bonjour, M. Arago, me dit-il en s'asseyant
à mes côtés sur la drome.

— Bonjour, monsieur; votre nom?

— Pierre-Louis Cabasson, né natif d'Angoulême, pour vous servir, s'il en était capable.

— Merci; êtes-vous matelot sur le navire?

— Non, monsieur; j'en suis passager, pour
vous servir, s'il en était capable.

— Merci. Où allez-vous?

— En Californie.

— Pour chercher de l'or?

— Pour m'y faire maître d'école.

— Vous avez là une bien généreuse pensée.

— Oh! elle m'est venue sans penser; l'état de
fabricant de boutons ne donnait plus; tout le
monde, chez nous, parlait de la Californie; j'ai
fait comme tout le monde, et me voilà prêt à
vous servir, s'il en était capable.

— Merci. Emportez-vous bien des livres en Californie?.

— Deux grosses malles. Un de mes amis de là-bas m'a donné son Taigne et son Tesquieu et m'a aidé dans les autres, et voilà.

— Que vous proposez-vous d'enseigner à San-Francisco?

— A lui? rien; mais à ses habitants, tout ce que je sais; mais comme je voudrais leur enseigner un peu la science du ciel, et que je vous sais *gastronome,* je voudrais vous demander quand la terre commence à tourner pour nous.

— Je ne vous comprends pas, mon ami.

— On m'a dit que la terre était ronde, et cependant, voilà plus de six mille lieues que je fais en la voyant toujours plate... Est-ce qu'on se serait moqué de moi?

— Non, mon ami; la terre est ronde, je vous le démontrerai une autre fois.

— Pourquoi pas tout de suite?

— C'est que la chaleur est écrasante et que j'aurais à peine la force d'articuler deux syllabes.

— J'attendrai, monsieur.

Nous voici à San-Francisco.

Je vous ai dit autre part les splendeurs de cette rade, aussi belle que les plus belles, silencieuse alors comme le désert, bruyante aujourd'hui comme un champ de bataille.

N'arpentons pas l'univers pour connaître l'u-
nivers ; il est ici, dans ce cercle dont votre œil
mesure l'immense étendue, sur ce sol incessamment creusé par la pelle et la bêche ; au bord de
ce fleuve au courant rapide, où se dressent,
comme par enchantement, des maisons qui demain seront des villages, et quelques jours plus
tard des cités, avec leurs rues, leurs places,
leurs promenades, leurs comptoirs : c'est l'univers des deux mondes, celui de l'Europe ; ce sont
les mœurs de tous les peuples, les habitudes de
tous les royaumes, les ridicules de toutes les
provinces, les passions et les vices de tous les
pays.

On se dit bonjour ici dans tous les idiomes, on
se vole à l'américaine, à l'anglaise, à la chinoise,
à la russe, à la mexicaine, à la malaise, avec les
mains, avec le regard et la pensée ; on ne s'y vêt
plus du tout, on n'y marche plus, on y court ;
on n'y parle plus que de millions ; on y beugle ;
l'or est partout, et cependant partout aussi la
misère. Si vous avez un domicile, vous êtes dans
l'opulence ; si vous parlez anglais, vous avez des
capitaux... ; si vous y ajoutez l'espagnol et l'allemand, vous êtes un nabab, vous avez vos poches
pleines d'onces, vous pouvez mourir de faim ; je
vous ai dit que la faim était partout ici, comme
la satiété.

Tenez, voyez cet élégant jeune homme, à la figure pâle, à l'œil vitrifié, à la démarche honteuse ; il est arrivé à San-Francisco avec de larges idées d'avenir, avec des rêves d'or au front, de la poésie au cœur ; il s'est élancé vers ce pays mort pour le raviver au culte des arts, pour lui apprendre les sciences, la civilisation... et le pauvre désenchanté se lève avant le jour, s'étend sur le sable longtemps après que le soleil s'est couché à l'horizon... et le voilà debout, quand s'éteignent les étoiles, implorant un lourd fardeau pour ses épaules débiles, un peu de nourriture pour son estomac délabré.

Voyez, près de lui, cette haute charpente, carrée par la base et par la cime, osseuse, nerveuse, âpre au toucher, d'où s'échappent des sons rauques, des syllabes brutales, des éclairs menaçants : c'est ce qu'on appelle un pion.

Le pion est un homme façonné au travail, à un travail rude et de toutes les heures ; le jour, sous le soleil ardent ; la nuit, sous de froides giboulées. Le pion s'est habitué à la hache, au pic, à la bêche : debout contre un mur de granit, courbé contre un roc de lave, il fouille de ses doigts qui se déchirent et ne connaissent pas la douleur ; il est là, dominateur de tout ce qui l'entoure, le plus riche de tous, parce qu'il est le plus fort ; il était valet hier, il est maître aujourd'hui.

Le pion, à son arrivée, a gagné dix piastres par
jour, il a vécu de peu... de rien... il a amassé,
il a thésaurisé, il a vu devant lui ; et quand, dans
le lointain, se sont montrés les mâts des navires
voyageurs, il s'est dit : « Là sont mes hommes,
là sont mes serviteurs, là sont mes trésors !... »

Le pion vient d'acquérir un terrain ; il y assu-
jettit quelques planches, il y pratique quelques
ouvertures, il y charpente un toit capable de résister à la rafale du nord-ouest... Les navires
arrivent, mouillent ; les passagers descendent à
terre... le pion leur donne un abri et garde pour
lui seul les vêtements, les vivres, les ustensiles
que l'étranger se réservait pour ses fatigues et
pour ses travaux.

Aujourd'hui, au moment où je trace ces lignes,
arrivez en Californie avec de l'or, si vous voulez
de l'or ; Rothschild est là par son représentant,
M. Davidson ; Rothschild, que vous trouvez dans
les deux Indes, dans les deux pôles, dans toutes
les capitales, dans tous les archipels ; Rothschild,
qui colonisera bientôt la lune et Jupiter... Il y a
beaucoup de mercure en Californie ; Rothschild
aura tout le mercure qu'il expédie à Copiapo...
S'il vous laisse un peu d'or, c'est que, à jour
donné, quand il lui plaira, cet or sera sa conquête.

Quelques grandes maisons de Lima, de Valparaiso, de l'Amérique du Nord et de Mexico, quel-

ques Chinois, gens habiles s'il en est au monde,
surnagent encore au milieu de ces océans d'inté-
rêts qui bouillonnent comme la lave du Cotopaxi :
mais, je le répète, à peu d'exceptions près, les
fortunes faites en Californie s'engouffreront dans
le même cratère, et la prudence seule peut sauver les spéculateurs... Qu'ils écoutent ma voix...
Fouillons dans la ville ; étudions les détails ; ils
font la masse...

Vous connaissez l'extérieur des maisons, la
mine préoccupée de ceux qui les abandonnent
pour parcourir les rues, sillonner la rade, interroger les passants, afin de trouver de l'ouvrage,
de se procurer un gîte, d'enlever un repas. Suivez
maintenant cette autre foule qui se précipite haletante, et pénétrez avec elle dans cette salle en
bois, dont la porte béante est envahie, comme
celle du temple de Mahomet à la Mecque alors
que les caravanes victorieuses du désert viennent
invoquer le prophète.

Il doit se passer là de bien grandes choses, il
doit s'y prêcher de bien utiles vérités, on doit y
éprouver de bien douces émotions, puisqu'on n'y
pénètre qu'à l'aide du pugilat et de la violence,
puisque les faibles, à demi écrasés par les forts,
y arrivent parfois les vêtements en lambeaux... Es-
sayons comme les forts, luttons comme les faibles,
c'est un si puissant aiguillon que la curiosité !...

La salle est grande, la table aussi; on circule à peine autour; ce sont partout des sacs d'or en pépites, en poudre, en quadruples, en lingots; ce sont des hommes debout, assis, agenouillés, l'œil sur la carte, la main dans la poche, tout prêts à répondre au destin qui se joue de leurs calculs, et qui voient en un clin d'œil les sommes les plus mythologiques changer de maître sans que leur figure en soit altérée.

D'abord, le silence de la tombe.... La carte parle, c'est un sabbat de sorcières, ce sont des cris, des vociférations, des syllabes inintelligibles... et tout cela sans colère, sans haine, sans désespoir, comme ces chiens qui hurlent et s'agitent aux secousses d'un tremblement de terre.

Les êtres qui peuplent la maison dont je vous parle et quelques succursales, éparses çà et là, semblent n'avoir jamais ni faim ni sommeil; le jeu les réveille, le jeu leur donne des indigestions, le jeu leur fait oublier tout... les besoins du corps, les autres passions de l'âme, et vous en voyez beaucoup qui, après avoir perdu les trésors puisés aux placers, ne quittent pas leur poste, se croisent les bras et suivent, avec le même intérêt que si leur fortune était en péril, les fluctuations de la partie engagée.

Ici, mille fois plus qu'à Bade, le riche du moment est le gueux de l'heure qui suit. En Europe, après avoir perdu son argent, après avoir jeté sa fortune au caprice d'une carte, il est rare qu'on ne trouve pas un dîner, un lit, une main amie et sûre. Ici, dès que votre or est parti, vous n'avez plus à compter que sur les placers absents, vous n'avez plus qu'à présenter vos épaules au fardeau qui attend là, sur la plage, le pion, plus robuste que vous, le pion, en qui l'on a foi. Quant à vous, attendez une caravane, visitez de nouveau les réservoirs inépuisables où vous avez déjà brisé vos forces, et si le hasard vous sourit encore, si vous faites rencontre d'une *poche* opulente, croyez-moi, de retour à San-Francisco, n'y faites qu'une halte de quelques jours ; mais surtout fuyez, comme vous le feriez d'un repaire de bandits, les hideuses maisons que je vous signale... vous n'y laisseriez pas seulement l'or récolté, vous en sortiriez le vice au cœur, la flétrissure à l'âme... Le jeu est une contagion.

Après le jeu viennent les restaurants, et nous devons à la vérité de déclarer que la tempérance est ici à l'ordre du jour ; aussi, quoique ces établissements fassent presque tous de fort bonnes recettes quotidiennes, ils n'arrivent à la fortune qu'à pas comptés. Parmi eux, une maison chinoise est fort visitée, et les deux magots qui la desservent, hommes propres et laborieux, ne tarderont pas à regagner leur pays avec assez de pépites pour acheter une belle jonque et quatre ou cinq cents mûriers autour du lac Fyin, où s'agite une population égale à celle de la France. Les Chinois sont les Gascons des Indes, et c'est d'eux principalement qu'on doit dire : « Ils prennent partout. »

Hormis une trentaine d'édifices, qui sont de véritables maisons, les autres demeures agglomérées ressemblent assez bien à un camp more élevé sur les ruines d'une cité européenne... C'est un coup d'œil étrange et magique à la fois.

Des tentes de toutes couleurs, de toutes formes, de toutes dimensions ; des carrés de bois envahissant la mer, avec des ouvertures singulièrement échelonnées servant de portes et de fenêtres, fermées par des madras, des pagnes ou de la toile à voile, et dans toutes ces niches, dans tous ces réservoirs, autour de tous ces réduits, une population haletante d'hommes faits, d'adolescents cherchant de l'ouvrage, implorant de la fatigue, mendiant un fardeau pour avoir du pain sur un sol pavé d'or.

AUJOURD'HUI.

Lancez pêle-mêle sur la toile du noir, du blanc, du rouge, du bleu, du violet ; placez, avec l'intention de faire du grotesque, les couleurs les plus vives à côté des teintes les plus douces ; tracez des losanges, des carrés, des trapèzes, des ellipses ; dessinez grand ce qui devrait être petit, en relief ce qui ne devrait figurer que dans un plan reculé ; entremêlez tous les éléments, les hommes et les choses qui se combinent le moins, et vous aurez, ou à peu près, une idée de San-Francisco à l'heure où je raconte.

Il n'y a pas au monde un peuple plus actif que le peuple américain du Nord. Chez lui un incendie dévore une cité ; une inondation enlève granges, bestiaux, maisons et habitants ; quelques jours plus tard, un mois après le désastre, tout reparaît comme par enchantement, moins les hommes, qui ne poussent pas aussi vite que les champignons et les épis.

Eh bien ! cette fabuleuse activité des Yankees de Boston, de New-York, de la Nouvelle-Orléans ou de Philadelphie s'efface et disparaît en présence des phénomènes périodiques que les hommes de là-bas transportent sur le sol californien.

C'était un désert, je vous l'ai dit ; c'est un monde mouvant. C'était le silence, c'est maintenant le bouillonnement avec ses ondulations : je vous défie de marcher en liberté dans les lieux où naguère vous n'entendiez que le bruit de vos pas, celui du flot, de la rafale, ou le grognement de l'ours ; et si, d'une des hauteurs qui dominent

la ville naissante, vous promenez vos regards sur
la rade, vous comptez par centaines, par milliers les navires aventureux que les deux hémisphères dirigent vers cette terre de deuil et de
joie, d'espérances et de désillusions, de misère et
d'opulence.

Vous donc, peintre ou narrateur, vous pouvez
donner un tableau fidèle du moment; mais,
comme quelques heures plus tard le panorama
change, vous n'êtes plus dans la vérité, le visiteur
ne se reconnaît pas ; vous avez créé au lieu de
copier, il vous accuse, il vous condamne, jusqu'à
ce que sa raison ébranlée un moment lui ait fait
toucher du doigt les miracles opérés par la soif la
plus dévorante de toutes, celle de l'or.

Oh! celle-là, mes philosophes observateurs, vous
la lisez sur tous les visages, dans tous les yeux,
sur toutes les lèvres, dans toutes les démarches;
elle corrode, elle brûle, elle carbonise, et plus
vous trouvez moyen de l'éteindre, plus elle vous
poursuit et vous domine.

Ce n'est pas seulement de l'or qu'il faut aux
visiteurs du Sacramento, c'est beaucoup d'or.
L'opulence est à peine la fortune, et le superflu
s'appelle le nécessaire.

Vous dirai-je les pugilats, les embûches, les
guets-apens de chaque jour, dans les rues de
San-Francisco? A quoi bon? Vous les devinez

déjà, et les conséquences de ces rixes, commencées à la main ou au bâton, s'achevant au stylet, sont la potence dressée pour le vainqueur, et un cadavre qui se promène à l'air, sans que la justice légale ait eu la force d'arrêter le meurtrier.

L'antique Pérou, c'est aujourd'hui la nouvelle Californie, moins les noms magiques qui présidèrent à la conquête du pays des Incas, et qui traversèrent les siècles sans rien perdre de leur renommée.

Le Pérou, la Californie et le Mexique sont côte à côte, et l'on cherche vainement un Cortez ou un Pizarre à San-Francisco. La tombe garde trop bien les hommes illustres qui lui ont été confiés. Vous trouvez cependant ici la parodie des grandes choses, et il n'est pas vrai que Cartouche et Mandrin n'aient point laissé de successeurs. Demandez-le aux routes tachées de sang qui conduisent de San-Francisco à Stockton et de Stockton aux placers.

Mais certains détails font l'histoire, plus encore que les raisonnements.

Eh! bon Dieu! pourquoi vous dirais-je tous les secrets de la ville de San-Francisco? Ce qui était naguère un terrain rocailleux et inculte, vous le voyez changé par une puissance magique en maison, en boutique, en théâtre; on s'y dispute le

sol pouce à pouce, les flots océaniques sont re-
foulés par des pilotis envahisseurs où se dressent
les demeures des plus intrépides, et l'on se demande, effrayé, où s'arrêtera l'océan d'hommes
et de femmes que la soif des richesses vomit sur
cette terre belle et radieuse comme les plus belles
et les plus splendides.

Hélas! ce que le pays gagne en visiteurs il le
perd en pittoresque, car vous ne voyez maintenant çà et là que fort peu des premiers habitants
de ces contrées; vous reconnaissez le Péruvien à
son œil étincelant, à son allure de matamore, à
ses pantalons et à sa veste où brillent des rangées
de boutons d'or et d'argent balancés par la brise
ou la marche du piéton. Le poncho et le large
chapeau dénoncent le Chilien encore plus que sa
face carrée. Voici une tête pelée et une figure
jaune comme le métal du pays, c'est un terrestre
habitant du Céleste-Empire; et, tout près de lui,
vous admirez le magnifique Kanack des Sandwich,
qui, en peu d'années, grâce à la civilisation cor-
ruptrice, sait la valeur de l'or, ainsi que les
malheurs qu'il enfante. Place au Malais, sous son
cahen-slimouth et son cahen-sahorij, tunique
et pantalon abritant le crish trempé dans le
bohon-upas; place aussi à l'intrépide chasseur
de l'Orégon devant lequel vous vous arrêtez stu-
péfait pour étudier ce front large, osseux, coloré,

ces cheveux longs et rudes, cette poitrine velue, ces bras musculeux, ces mains nerveuses jouant au milieu de la foule avec le lazo meurtrier qui lui livre prisonniers le jaguar et le buffle, forcés d'escalader les cimes de la Sierra-Nevada pour échapper à la mort ou à l'esclavage.

Ce sera un livre curieux que celui qui racontera les drames de cette première conquête : je ne me suis pas imposé l'obligation de l'écrire, et j'ai d'ailleurs hâte de dérouler d'autres tableaux à mes lecteurs.

Le Pacifique gronde, j'entends sa redoutable voix qui m'appelle; c'est une menace peut-être : tant mieux; je me plais à ses colères au moins autant qu'à ses caresses; acceptons-les. J'allais m'embarquer dans le grand canot du bord.

— C'est vous, M. Arago? me dit une voix connue.

— Oui. Que fais-tu là?

— Je me repose, pour vous servir, s'il en était capable.

— De quoi te reposes-tu?

— De n'avoir rien fait, de n'avoir rien à faire. Allez, allez, le repos sans travail est beaucoup plus fatigant que je ne le croyais.

— Tu n'as donc pas trouvé d'ouvrage, depuis ton arrivée?

— Si, pardon.

— Tu as des élèves?

— Oui, trois : un Chinois, un Péruvien et un Kanack des îles Marquises. Il dit ça pour se donner des gants, car je suis sûr qu'il n'est pas plus noble que vous et moi.

— C'est possible; mais gagnes-tu ta vie à ce métier?

— J'y gagne une fluxion de poitrine, pour vous servir s'il...

— Je sais, je sais la suite; comptes-tu rester longtemps à San-Francisco?

— Oui, jusqu'à dimanche : un baleinier vient de m'enrôler, et je vais bourlinguer de nouveau; il y a trop de savants ici, c'est ce qui me coupe l'herbe sous les pieds.

— Allons, courage, mon garçon; je vais m'embarquer aussi, mais que Dieu te conduise dans un port où tu puisses doucement reposer ta tête. Une poignée de main.

— Voilà.

— Au revoir.

— Que faites-vous?

— C'est une once qui s'échappe de mes doigts ouverts, ferme les tiens et garde-la.

— Merci, merci, merci; mais vous avez eu tort de ne pas me prouver que la terre tourne; quand je le dirai, on ne me croira pas.

— Tu n'en vivras pas moins heureux, mon

garçon, si tu peux embrasser encore ta mère, revoir ta famille, et si Dieu te garde la vue.

Revenons sur nos pas, et préparons-nous à de nouvelles luttes.

Au chaos qui avait longtemps pesé sur la Californie en ses premiers jours de conquête, ont succédé le jour, le calme, la régularité... C'est l'Europe, mais l'Europe rajeunie, l'Europe forte et puissante, l'Europe rayonnante d'avenir.

Et, cependant, il y a toujours de grandes misères sur les bords du Sacramento, et bien des nouveaux venus se tordraient vainement dans le désespoir, si des voix généreuses ne leur avaient dit : Courage ! si des mains bienfaisantes ne les avaient aidés à se tenir debout. Écoutez :

Ils étaient trois, ils ne sont plus que deux aujourd'hui. Celui qui a disparu, je l'avais connu, à Santiago, chef d'un magnifique hôtel où les étrangers, les Français surtout, étaient accueillis avec une bienveillance toute fraternelle... Il m'appelait son ami, je l'appelais mon frère ; nous nous quittâmes en nous disant au revoir... C'était adieu qu'il fallait dire.

L'autre, vous l'avez entendu à Paris, tradui-

sant les mélodies des Auber, des Halévy, des
Meyerbeer, en artiste qui comprend admirablement ces grands maîtres et leur donne encore de
la valeur... Vous battez des mains en souvenir
des heures d'extase dont il a doté vos soirées.

Le troisième, je l'ai vu à Valparaiso, luttant
avec une incroyable énergie contre les caprices
d'une fortune tantôt marâtre, tantôt souriante,
qui ne lui laissait pas un instant de repos.

Un beau jour, il partit pour la Californie avec
une cargaison bien choisie et son intelligence dominant le tout.

Oh! cette fois, la capricieuse déesse ne lui
échappera plus, il la tient esclave sous ses doigts,
il l'attache à lui et il appelle, pour le seconder à
San-Francisco, une femme spirituelle et dévouée
dont la vie est liée à la sienne... Le voyageur se
plaît à ces pensées rétrospectives.

Lui, cet homme dont je vous parle, veut de la
joie pour les autres; il organise, il crée, à
l'exemple de celle de Santiago et de Lima, une
Société de bienfaisance, où le pauvre égaré puisse
trouver du pain et fort souvent un retour facile
dans sa patrie.

Gardez dans la mémoire et dans le cœur, ainsi
que je le fais, le nom de Barroilhet, béni et fêté
dans les deux hémisphères.

Je serais bien coupable de ne pas consacrer

aussi quelques lignes dans ces mémoires à
M. Dillon, dont l'incessante activité, dont le pa-
tronage tout paternel ont su tarir bien des larmes, et qu'Onolulu, dans les Sandwich, regrette
toujours comme un apôtre, comme un bienfaiteur.

J'ai dit. Larguons nos voiles bras dessus,
bras dessous, avec Dillon et Barroilhet : où trouver de plus dignes compagnons de voyage?

DÉPART DU CHILI.

— Le dernier regard. — Jérôme Garcin. — Le tornado. —
Un pas rétrograde. — L'Ana. — Pour chambre un tiroir.
— Romieux, Alquier et Delafraye. — Le souffre-douleurs
du carré. — Notre groom Luco. — La pipe d'un sou. —
— M. Bruyère. — Le pâté de M. Romieux. — Luco l'a-
chève. — Quinze heures de tempête. — Le fils de Kotzebue.
— Choris le peintre, mangé depuis par les sauvages. —
Saluons les Marquises. —

Je vous défie, pour peu que vous ayez un seul
battement généreux au cœur, de ne point regretter
le pays où vous avez aimé, le pays où vous avez
souffert; de ne pas jeter un regard imprégné de
pieuse amertume vers les rochers que vous avez

gravis, le vallon que vous avez étudié, l'arbuste sous lequel vous vous êtes abrité, dès que vous leur adressez un dernier adieu.

C'est alors surtout que vous ne devez plus les revoir qu'il vous semble que vous laissez une partie de vous-même au ruisseau qui murmure, à la cascade qui rugit, à la brise qui vous caresse.

Nous n'aimons point parce que nous sommes aimés ; hélas ! c'est souvent une affection qui en tue une autre ; mais nous aimons parce que tout isolement est une douleur, et que les choses intimes ne nous abandonnent ni dans la rêverie, ni dans l'étude, ni dans les dangers, ni dans le sommeil.

S'il est un pays au monde que Dieu semble avoir maudit, c'est la presqu'île Péron, la terre d'Endracht, celles de Dorre et de Bernier, linceuls pâles et froids, planant sur les eaux comme la bière d'une jeune fiancée : eh bien ! je ne me rappelle pas ces plateaux désolés sans me demander, avec un profond sentiment d'intérêt et de curiosité, pourquoi l'Éternel n'a pas doté d'un peu de verdure ces vastes plaines, ces coteaux élevés, où l'insecte souffreteux trouve à peine sa pâture, où l'oiseau passe en jetant un cri d'effroi, où le nuage avare ne laisse jamais tomber une larme. On ne va là que lorsque la science nous y pousse,

ou que l'ouragan nous y porte. On appelle de ses
vœux les plus fervents la dernière heure du travail et l'haleine bienfaisante qui va nous en éloigner. Eh bien! je le répète, vous ne partez pas
tout entier; vous croyez oublier une pensée, un
haillon sur la plage, et vous escaladez les mâts
pour arracher encore à l'horizon ces pauvres richesses perdues... Si l'on m'avait dit au départ :
Tu feras un séjour de quelques mois au Chili,
j'aurais hésité à me mettre en route. J'avance
trop dans la vie pour me plaire aux longues
haltes; j'ai trop hâte de voir, d'étudier, d'apprendre; je crains que les forces ne manquent
bientôt à mon activité toujours croissante, et
voilà que sur le gaillard d'arrière, où je viens de
m'accouder, mes yeux se baignent de larmes aux
pressions de main qui me saluent, aux gémisse-
ments de la vague écumeuse, que la rafale du sud
vomit sur le môle; c'est que je laisse là une cité
qui fut mon asile, des voix dont je reconnaîtrais
le timbre après une vie séculaire. C'est que je ne
reconnais qu'un seul vice à l'ingrat, *l'ingratitude*, et que dans les rues de Valparaiso, où
la poussière se joue en fougueux tourbillons,
c'est que dans ces maisons de Valparaiso et de
Santiago, sa rivale détrônée, j'ai senti plus d'un
cœur répondre aux battements du mien, et deviné
plus d'un regard attristé sur mes paupières

éteintes. Adieu donc, âpres montagnes du Chili qui plongez sous les flots! adieu, noires ou brunes fillettes du Chili, que je retrouverai là-bas ou là-haut, dans un monde meilleur! adieu, esprits élevés, nobles intelligences, qui m'avez appelé frère et consolé dans mon infortune! adieu, je pars, l'Océan me réclame, adieu!

Pour certaines natures fatalement privilégiées, le passé est-il donc sans enseignement? Rien ne me dit que je ne viendrai pas encore provoquer les mêmes obstacles, insulter aux mêmes violences des éléments, dès que j'aurai achevé mes confidences aux amis, dès que j'aurai reçu le baiser si doux de la famille.

Des imprudents écrivent : *Le repos, c'est la tombe...* Montrez-moi du doigt le cadavre qui vous l'a dit.

Tenez! voici près de moi sur la drome, accoudé au grand mât, une de ces charpentes granitiques dont mon solide camarade Marchais aurait fait sa pâture, s'il l'eût rencontrée dans ses courses. Jérôme Garcin, cramponné à son empointure, n'est pas même ébranlé par les flots océaniques et les flots du ciel unis pour la destruction.

Il a navigué dix ans comme baleinier dans les glaces polaires du Nord, six ans aux accords de l'éternelle banquise du Sud; il vous dira les

noms de toutes les petites îles qui, de l'ouest de
l'Amérique, courent comme une ceinture de fleurs
jusqu'au détroit de Torrès et se perdent au milieu de la Malaisie ; il s'est abrité dans toutes les
criques japonaises et chinoises ; il sait son In-
doustan et son Kamtschatka par cœur ; il se sent
capable de vous piloter tout le long de l'Afrique,
depuis Alger jusqu'au cap de Bonne-Espérance,
et de là jusqu'à Zanzibar ; il a fait trois naufra-
ges, il a laissé trois navires sur les roches, et
ses amis sur la grève ; il a cinquante-deux ans, il
a économisé pendant toutes ses campagnes la
somme colossale de cent vingt-sept francs, qui ne
doivent rien à personne, car il est sans famille
le rude matelot ; et le voilà courant vers l'avenir, comme s'il entrait à peine dans la vie, comme
si l'Océan lui devait du respect, et jurant contre
l'exiguïté de notre planète, qu'il ne trouve pas
plus grosse qu'une coquille de noix.

— A quoi penses-tu donc, mon brave? lui
demandai-je en lui serrant affectueusement la
main.

— Voulez-vous que je vous dise? me répondit-il avec un sourire d'amertume : cela est *embêtant* tout de même d'avoir *tout vu;* votre
Marchais, dont on m'a lu l'histoire, dirait que
c'est embêtant d'avoir *tout bu;* mais moi.... les
îles, les rades, les caps, les anses, c'est comme

les amis qu'on désire revoir ; il faut que le plaisir soit partagé comme la peine...

— Comme le vin, ajoutai-je.

— Si Marchais était là, il vous aplatirait pour cette parole. Mais revenons à tous ces arbres, à toutes ces roches, que je revois pour la cinquième fois, pour la dixième fois ; aussi je ne suis vraiment heureux que lorsque je les quitte.

— N'as-tu jamais rêvé au bonheur du ménage, au repos de tous les jours, dans une cabane, sur les bords de la mer?

— C'est cela ! une vie immobile, quand la lame est toujours en mouvement ; elle aurait l'air de vous reprocher votre paresse ou votre couardise. J'avais dix ans lorsqu'elle m'apporta son premier défi, je le lui ai bien rendu depuis lors; mais nous ne sommes pas encore quittes : le provocateur seul a tort.

— Mais enfin, le but de tant de persévérance quel est-il?

— Le sais-je? Vous connaissez des savants qui vous disent et vous prouvent des choses à perte de vue. Eh bien ! qu'ils nous donnent le moyen d'aller *faire peter un lof* dans la lune, et je pars, et je les bénis.

— Tu fais un rêve, mon pauvre ami !

— Tout le monde en fait. Vous m'écoutez, n'est-ce pas? Eh bien ! je parie que vous croyez

me voir, que vous me fabriquez un nez, une
bouche, des yeux à votre façon ; on rêve bien plus
éveillé qu'endormi, et voilà pourquoi, M. Arago,
la vie est si longue et les archipels si embê-
tants.

— Et la vieillesse? dis-je avec une précipita-
tion dont je me repentis à l'instant même.

— Ah ! oui, c'est bien cela ! me répondit-il en
haussant les épaules ; demandez à cette lame
creuse qui nous roule si elle nous laisse souvent
le temps de vieillir. Demain, ce soir peut-être,
vous et moi, le capitaine et le mousse, nous se-
rons aussi vieux, aussi jeunes les uns que les
autres. Je vois là-bas un point noir qui se lève
avec lenteur. Je crains bien pour le brick qu'il ne
vienne trop vite. J'ai eu parfois à jouter contre
quelques-uns de ses confrères, et je ne connais
pas de cornes de bœuf assez solidement attachées
pour résister aux gifles qu'ils envoient.

— Tu crois donc à une tempête pour la nuit?

— C'est comme si elle était déjà là. Nous
n'aurons pas besoin de caler nos mâts, la rafale
se chargera de la besogne.

En effet, le point noir que Jérôme avait si-
gnalé monta d'abord verticalement avec lenteur
comme écrasé sous son propre poids, puis, s'é-
largissant, il envahit l'espace, rétrécit l'horizon
et imprégna l'air d'électricité.

Je sentais un picotement aigu par tout le corps; mes yeux souffraient plus que tout le reste; il me semblait que les pupilles recevaient de petites secousses voltaïques, et je crus à un miracle. Hélas! il ne s'en fait plus aujourd'hui, et ce n'est pas en ma faveur que Dieu changera ses arrêts.

Cependant le calme régnait encore sur l'Océan assoupi, les lames silencieuses roulaient majestueusement, mais sans frisures à leur surface, et l'on devinait pourtant qu'il y avait une colère là-dessous, une menace, peut-être même une catastrophe... C'était le repos du lion, c'était une halte du tigre; c'était plus que cela, car l'Océan qui s'irrite ne veut pas qu'on lui compare une autre fureur.

Les voiles venaient d'être carguées, chaque matelot était à son poste, chaque officier avait fait ses apprêts, et le capitaine, fouillant au loin, cherchait vainement le côté d'où viendrait la rafale.

— Vous allez entendre un fameux bacchanal, me dit Jérôme avec un énergique juron; ou je ne suis qu'une ganache, ou le *tornado* s'apprête à nous briser les côtes.

— Tu crois? lui demandai-je avec le calme qui ne m'a jamais fait défaut au moment du danger.

— J'en suis sûr, monsieur, et si nous n'avions

pas de la mer à courir, nous ferions bien de dire notre *In manus*.

— Est-ce que tu aurais peur, mon brave?

— Est-ce que je suis un Hugue? me dit le matelot en me serrant énergiquement la main et en me rappelant mon vieux domestique de *l'Uranie*; moi, j'ai ma ration, ma course s'achève; mais il y a parmi nous de jeunes têtes, de jeunes cœurs qui pourraient penser et battre longtemps encore et que de pieuses mères attendent là-bas, là-bas.

— C'est bien, cela, mon brave, de songer à ce qui est faible; et après la bourrasque, je te promets...

— Vous appelez ce qui se prépare une bourrasque? C'est comme si vous disiez qu'un trois-ponts est une yole; c'est comme si vous soute-niez que l'Océan est un plat à barbe. Écoutez! écoutez!

Un gémissement profond courut sur la surface des eaux, et pourtant nulle brise ne soufflait encore à travers les cordages. Cramponné au ca-bestan, ainsi que je le fis le jour où l'ouragan nous arracha de la baie du *Bon-Succès*, au cap Horn, pour nous vomir peu de temps après sur les rochers des Malouines, j'attendais le com-mencement de la lutte et j'étudiais, par les sou-venirs, les phénomènes météorologiques au mi-lieu desquels se balançait le brick.

Tout à coup, semblable à un violent éclat de foudre, le vent se déchaîne et pèse sur nous de tribord : nous donnons une bande affreuse, les mâts crient ; la rafale change et nous lance sur le bord opposé, comme si elle eût trouvé sur sa route un obstacle invincible. Le brick se relève cependant et s'arrête... On largue une voile, et presque au même instant elle est réduite en charpie ; mais nous courons vent arrière, et les lames, qui se creusent comme de larges vallées, nous couvrent de bout en bout et balayent le pont.

L'ordre est donné de caler les mâts de perroquet. Ainsi que l'avait dit Jérôme, l'ouragan se charge de la besogne, et les voilà déchiquetés et pendus aux drisses et aux étais... En avant les haches ! En haut les gabiers ! la lame qui s'élance voile ceux qui ont atteint déjà la grande hune.

Le désordre, j'allais dire le chaos, règne autour de nous ; le *tornado* a bien mérité son nom ; il fait en une minute le tour de la boussole et nous lui sommes soumis comme l'esclave l'est au fouet de son maître.

Voici de la grêle, une grêle rapide et bondissant sur le pont sans se briser ; voici les éclairs qui colorent l'Océan d'une teinte rouge et bleue pareille à ces flammes fantastiques dont la chimie amuse ses loisirs ; voici un nuage qui sent le

soufre et court ainsi qu'un fantôme de la pou-
laine au couronnement... On ne commande plus,
la voix ne serait pas entendue; chacun s'attache
à une manœuvre, s'y roidit contre les vagues furieuses et attend que la dernière heure ait
sonné...

Je vous l'ai dit, les flots ne veulent pas de
moi. Cependant le tornado suit sa marche de destruction, et nous, quoique brisés par ses étrein-
tes, nous redressons fièrement la tête, et nous
piquons vers le point où nous appelle notre devoir.

La course a été brève, mais elle comptera
dans mes souvenirs, car elle m'a forcé à un pas
rétrograde; et me voici encore une fois contraint
de changer de demeure pour gagner le large et
atteindre les Marquises où je compléterai bientôt
quelques études imparfaites.

C'est l'*Ana* qui se charge de me voiturer...
Je trace ce nom avec un sentiment de douleur
indéfinissable... Disons toutes mes impressions,
mon livre ne doit pas avoir de lacunes.

Là-bas, vous le savez, mon logement était
une armoire, et je couchais dans un tiroir; ici,
ma chambre est un tiroir et mon lit un étui. S'il
y avait là un peu plus de hauteur, un peu plus
de largeur, un peu plus de longueur, je pourrais
m'y infiltrer sans trop de péril et me bercer de

doux rêves, puisque je ne m'éloigne encore de mon pays que pour m'en rapprocher plus tôt ; mais, non : ma cabine est si exiguë que je ne m'y couche qu'en raccourci et en profil, que j'y respire à peine, et notre ami Nodier, de diaphane mémoire, n'aurait pas pu y feuilleter son délicieux Trilby, ce petit lutin du foyer, que vous savez par cœur, et dont j'envie aujourd'hui l'exiguïté.

L'Ana est un brick américain acheté au Chili pour servir de mouche à notre station océanique, et qui a la bonté de me conduire aux Marquises et à Taïti.

Je ne veux pas trop vous attrister aujourd'hui sur ma position, ni vous offrir le tableau des difficultés que j'ai à vaincre, soit que j'entre dans ma couchette, soit que j'en sorte, avec ou sans le roulis, avec ou sans le tangage. Votre amitié pour moi irait jusqu'au blâme de ma téméraire entreprise ; j'ai d'ailleurs bien d'autres choses à vous raconter, l'*imperceptibilité* de la place explique l'encombrement des détails.

Voici le carré :

Une table, trois chaises, un coffre, c'est tout l'ameublement ; au fait, il n'en faut pas davantage, nous sommes quatre et n'invitons personne. L'absence de meubles nous corrige de toute prodigalité. Si les portes de nos cabines sont

fermées, le carré est un salon, moins les glaces,
moins les canapés, moins les pendules, moins les
fauteuils ; mais si vous les ouvrez pour laisser
glisser la brise jusqu'à vous, oh ! alors, le salon
devient un boyau, et comme les parois sont pein-
tes à la détrempe, vous en sortez aussi zébré
qu'un jaguar américain.

Quant à moi, pauvre aveugle, je sais depuis
longtemps que le malheur apprend la prudence,
et je vous assure que la science ne gagnerait rien
à étudier les bosses de mon crâne, résultat iné-
vitable de mes rencontres quotidiennes avec les
murs du carré, des aspérités et des courbes de
ma chambrette, mieux nommée gaine ou four-
reau. J'ai dit que nous étions quatre dans le
carré : trois jeunes gens, dont le patriarche a
dix-neuf ans, les deux autres plus de dix-huit ;
et cela est beau, je vous l'atteste, de voir des
gamins, de vrais gamins, luttant chaque jour, le
sourire aux lèvres, le dédain à l'œil, sur une
coque de noix, contre le calme et les tempêtes,
les averses et la foudre, sans vivres pour l'appétit, sans espace pour le sommeil, presque sans
avenir pour les rêves.

Romieux, Alquier et Delafraye, voilà notre
état-major, tous trois marchant dans la vie par
une route ardue et périlleuse, mais taillés pour les
rudes épreuves et prenant leur métier au sérieux.

La rafale les flagelle, ils sont debout ; le flot les envahit, ils sont debout ; le mât crie et tombe, ils sont encore debout : à voir mes trois intrépides, vous croiriez qu'ils ne veulent ni d'un ciel pur, ni d'une mer calme, ni d'une brise caressante. Cela est bien, cela est digne ; aussi mes souvenirs se reposent-ils avec joie sur nos causeries intimes du bord, et accompagné-je de mes vœux les plus fervents Delafraye, Alquier et Romieux, qui échangent peut-être en ce moment avec moi une de leurs amicales pensées.

Mais pourquoi une garcette en vos mains et pas une idée républicaine en vos cœurs ? Selon moi, ce sont là deux graves erreurs dont je vous accuse ; que d'autres vous absolvent... L'avenir dira qui de nous a raison.

Complétons l'esquisse, et parlons aussi du souffre-douleurs du carré. Il y a là, près de nous, quelque chose qui se meut, qui parle, qui agit, apte à tout, heureux des gourmades, des coups de pied, des gifles à droite ou à gauche, véritable revenant-bon de son noble état de mousse. Les messieurs du carré, les sybarites qu'ils sont, se permettent le mousse, c'est-à-dire le chasseur, le valet de chambre, le laquais, le piqueur, le domestique, le groom ; car la loi leur passe un groom pour le lavage des fourchettes qui ne sont jamais propres, pour celui des serviettes qui sont toujours sales, pour celui des verres où se dessinent en moires capricieuses les doigts du groom émérite, destiné à la misère dès les premiers pas de sa course, comme nous le sommes tous à la mort.

Notre groom à nous, je vais vous le présenter ; tendez-lui votre main, ses bonnes fortunes sont si rares !

— Ton nom ?

— Luco.

— Ton prénom ?

— Luco.

— Tu ne m'entends pas. Je te demande ton petit nom, ton nom de baptême.

— Luco.

— Comment t'appelle-t-on dans ta famille ?

— Je n'ai pas eu de famille.

— Ton père, ta mère ?

— Je n'en ai jamais eu.

— Mais, mon enfant, chacun de nous a eu un père et une mère.

— Oui, on le dit ; mais ce n'est pas vrai ; j'en connais qui en ont deux ou trois, plus ou moins. Mais moi, on ne m'a pas gâté, on m'a jeté sur cette boule, loin de tout père et de toute mère.

— D'où es-tu ?

— Je ne sais pas.

— Tu ne sais pas même où tu es né ?

— Comment voulez-vous que je le sache? on m'a pris tout mioche pour me faire mendier mon pain ; plus tard, je l'ai gagné avec mon travail ; aujourd'hui, vous voyez, je perche.

— Ainsi, Luco, te voilà devenu pigeon, aigle ou hibou?

— Du tout, monsieur ; je suis toujours ce que j'étais, ni plus ni moins : seulement je me sens embarrassé plus que jamais, car M. Romieux m'appelle butor ; M. Alquier, sapajou ; M. Delafraye, cruche ; et vous, M. Arago, vous me saupoudrez bien souvent de l'*épicthète* de malotru, sans compter le capitaine qui me donne tous les noms les plus sales qu'il puise dans sa chique ; de sorte que, quand je me regarde en face, je suis tenté de me croire l'enfant de tout le monde : au lieu d'un père, j'en ai quarante, voilà. Quant à *ousque* je suis né natif, vous devinez que j'ai le droit de me croire fils de partout.

— Eh bien, mon garçon, il y a de jolies promenades dans ton pays, et nous chercherons, au retour, si je peux te trouver un village et un père.

— A quoi bon? Puisque mon père m'a abandonné, c'est qu'il ne m'aimait pas.

— Peut-être.

— Il n'y a point de *peut-être,* monsieur ; s'il m'avait aimé un tant soit peu, est-ce que, en me

jetant là ou là, il n'aurait pas glissé quelques
petites pièces de dix sous dans mon boursicaut?
Et quand il a vu que j'allais faire le tour du
monde, est-ce qu'il ne m'aurait pas donné une
veste, un bonnet, deux chemises, une paire de
souliers et des boucles d'oreilles? Vous voyez
donc bien que je n'ai ni père ni mère, ou qu'il
se f...ichent de moi comme d'un vieux morceau
de lard gâté.

Pauvre Luco!...

Après cela, Luco a des qualités à lui, des
qualités positives, des qualités innées, dont l'âge
même ne pourra jamais le dépouiller. Luco est
mythologiquement sale, vous ne le verriez pas
reculer d'une semelle devant la mare la plus fan-
geuse. Si ces messieurs du carré n'y tenaient
l'œil, ils pataugeraient dans les pelures de pommes de terre, les feuilles de choux, les linges à
barbe et les débris de verres et de bouteilles.
Luco ne comprendra jamais les parquets cirés ni
les tapis d'Aubusson.

Eh! bon Dieu, ce ne sont pas des crimes que
je reproche à Luco, le pauvre enfant n'en com-
met pas; incapable d'une bonne comme d'une
mauvaise action, il marche dans la vie avec le
travail et la peine, parce que telle est sa destinée ;
et si parfois le sourire se place sur ses lèvres
éraillées, c'est que les muscles zygomatiques le

lui ont imposé sans que son cœur y soit pour quelque chose. Ce n'est pas du contentement, ce n'est pas de la joie, c'est une convulsion : il la subit, voilà tout. Aussi, on impose tant de devoirs à ce pauvre Luco de malheur ! — Luco, va serrer le grand cacatois. — Luco, amarre la drisse de perroquet. — Luco, pompe. — Luco, lave, — brosse, — gratte. — Luco, donne-moi de l'eau froide. — Luco, vite une assiette. — Luco, un torchon. — Luco, une omelette.

— Faut-il des œufs pour cela, monsieur?

— Imbécile! comment ferais-tu une omelette sans œufs?

— Dame! sans compter celles au lard, on en fait beaucoup chez moi avec du sang de cochon.

Voilà Luco, voilà son intelligence, voilà sa nature. Changerez-vous tout cela?... Peut-être.

Hier, après un rude châtiment infligé à ses reins par un soulier ferré, Luco débitait ses jérémiades à M. Delafraye, qui grondait et souriait en même temps.

— Tenez, lui dit Luco, sans s'occuper le moins du monde de la correction, vous avez là trois jolies pipes; si vous m'en donniez une, vos verres seraient toujours propres, je vous ferais des omelettes au beurre, au vrai beurre frais, avec votre graisse moisie.

— Mais, drôle, tu ne sais pas qu'une de ces pipes me coûte 28 francs?

— Aussi n'est-ce pas celle-là que je *guigne*.

— L'autre vaut cinquante centimes.

— Et la troisième, monsieur?

— Un sou.

— C'est celle qui me va, et si vous m'en faites cadeau, je vous promets, monsieur, de vous la rendre tous les jours que je manquerai à mon devoir.

— Luco, voici la pipe.

— Merci, monsieur, je vas me laver les mains, et je veux que vos assiettes vous servent de miroir.

Le miracle vainement attendu jusqu'à ce jour, une pipe de cinq centimes l'aura résolu; mais si elle se casse, et la malheureuse est bien fragile, je crains que mon Luco ne retombe pour jamais dans son milieu de charbonnier; M. Delafraye ne sera pas toujours là, et il n'est pas marchand de pipes.

Si de Luco nous passons au brick, nous allons d'une misère à une autre, c'est que les ans n'épargnent pas plus les choses que les hommes : le madrier, les fers, les voiles, tous les métaux subissent leur influence; chaque chose vieillit à son tour, chaque chose doit avoir sa fin.

Le pont de *l'Ana* est cassé, les bordages sont

disjoints, les courbes ont changé de forme, de telle sorte que les dallots, aujourd'hui mal placés, n'ouvrant point passage aux pluies torrentielles, les chambres sont inondées à chaque averse, et vous savez s'il en tombe dans les pays équatoriaux !

L'*Ana* possède un jeu de voiles, pas plus, jeu de voiles tout rapiécé, véritable arlequinade, honteuse à l'œil, fragile au toucher. A chaque rafale une crevasse se dessine et le vent passe sans obstacle. Si la brise est de l'arrière, nous n'avons point de quoi hisser les bonnettes bâbord et tribord ; aussi le brick, réputé bon marcheur, boite-t-il comme un vieil éclopé.

Quant aux mâts et aux vergues, ils sont de la famille des voiles. C'est une honte.

Pas de cuisine, par conséquent un cuisinier serait du luxe. M. Bonnard a pris, à tout hasard, quelques hommes sur le navire de la station, il les a jetés là, et leur a dit : « Bon voyage, » sans s'inquiéter des difficultés de la route.

Pour pharmacie, une boîte vide ; pour instruments de chirurgie, un canif, un poinçon et un couteau de cuisine ; pour docteur, le chef de barre ou l'un des gabiers de hune.

Une poulie est tombée sur votre tête, vous vous êtes écrasé un doigt contre une manœuvre, la dyssenterie s'est ruée sur vous ; les remèdes

sont là, vous les connaissez, la science du timo-
nier médite. Vous souffrez, vous vous tordez
dans la douleur, puis l'agonie, puis le râle avec
une dernière pensée à la famille et à Dieu ; puis
le flot qui s'ouvre, se referme, et l'éternité qui
commence... Merci d'une navigation sur l'*Ama*.

Tiens ! et moi qui ne vous ai rien dit du capitaine ! moi qui n'ai point parlé de l'équipage ! De
larges lacunes à remplir. Le premier est lieute-
nant de vaisseau depuis bien des années ; il a lu,
beaucoup lu, il connaît nos philosophes, nos
poëtes, nos chansonniers ; il connaît aussi son
navire ; mais il vit dans la haine de la terre, il
craint toujours que les montres ne le trompent,
il a peur d'escalader les monts avec sa quille de
cuivre, et dès qu'on signale un point à l'horizon,
il fait serrer les voiles ou commande paravirer.
Avec de tels moyens vous comprenez qu'on arrive toujours trop tard lorsqu'on arrive.

Luco reproche sa chique à M. Bruyère : je ne
m'occupe pas de cette niaiserie dont un de mes
amis, un brave et solide capitaine, s'il en fut,
Guérin, qui a labouré le monde avec moi, est
également responsable envers le pont, accusateur
des traces de son passage. N'importe, donnez-
moi des compagnons de voyage comme Guérin,
et je redeviens jeune pour visiter les archipels et
affronter les tempêtes.

Vite une grande enjambée et revenons à M. Bruyère. Je suis certain que si Marchais l'avait connu, Bruyère n'existerait plus. Vous connaissez Marchais, cette charpente de fer, contre laquelle s'émoussaient toutes les douleurs, toutes les violences, Marchais qui jurait comme Lucifer dans l'éternelle marmite; eh bien ! M. Bruyère en aurait montré à Marchais ; et je ne sache pas que ce capitaine, qui sait son métier de marin, ait jamais prononcé deux phrases, sans les accompagner de vingt-cinq ou trente *sacres* de dix mètres de longueur. Les oreilles m'en tintent encore.

Nous avons pour équipage une douzaine d'hommes ; trois à peu près savent ce que c'est qu'un mât, une vergue, une voile : les autres le sauront un jour, si leur intelligence se développe, et elle se développera, n'en doutez point, grâce à la garcette *défendue* de messieurs les aspirants et aux jurons du capitaine Bruyère.

Eh bien ! c'est du milieu de cette misère, que Job nous eût enviée, qu'il surgit, un beau matin, une large pensée dans le front de l'un de nous, une de ces pensées généreuses qui colorent tout un avenir et jettent dans l'oubli les tristesses de la veille. Nous étions à table, non pour dîner, mais pour faire semblant ; quelques pommes de Valparaiso vivaient encore dans une armoire, pommes assez peu moisies, assez peu ridées, rappelant une pomme fraîche, comme le chardon rappelle la rose... C'était délicieux. Les poires, même celles qui depuis longtemps avaient perdu les qualités du fruit, étaient couchées dans la tombe, nous en portions le deuil.

Un sac de noix dominait seul ces augustes ruines, sac odieux, bruyant comme le cliquetis de tibias sans chair, qu'on avait traîtreusement arrimé sous mon lit, et que les rats les plus voraces grignotaient incessamment, de concert avec les cancrelats, de hideuse mémoire.

Au besoin, le vin servait d'assaisonnement ou de boisson. L'huile ne sentait que faiblement le rance, et mes imprévoyants compagnons de voyage avaient oublié, à Valparaiso, que les citrons sont d'un puissant secours dans les navigations tropicales.

Le commandant nous avait donné six œufs, et ce cadeau princier illumina sans doute le front de M. Romieux, qui s'écria :

— Si nous faisions un pâté!!

Les fourchettes édentées tombèrent de nos mains, les couteaux en scie roulèrent sous la table, le lard salé dormit intact dans nos assiettes ébréchées; et Luco lui-même, l'illustre Luco, s'arrêta comme frappé de la foudre, au milieu de son grognement habituel.

— Tu as entendu, Luco, il nous faut un pâté.

— C'est aussi facile que d'avaler un petit verre.

— Sais-tu ce qu'il faut pour faire un pâté?

— Dame! pour faire une fricassée de poulet, il faut d'abord un poulet : donc, pour faire un pâté, il faut d'abord un pâté.

— Imbécile!

— Oie!

— Porc!

— Chenille!

— Taupe!

— Est-ce qu'il en faut deux? demande Luco, de cette voix et de cet air que vous lui connaissez.

L'intelligence de Luco, son intelligence cyclopéenne, faillit nous priver de notre pâté si cher ; mais gens affamés se retrempent aux difficultés, et nous tînmes conseil, aidés de nos souvenirs de pension et de théâtre.

O madame Gibou! ô madame Pochet! que vous auriez envié notre érudition culinaire!

Nous avions des œufs ; décidément nous mettrons des œufs dans le pâté ; mais comment ces œufs doivent-ils être employés? Est-ce avec la coque? est-ce sans la coque? Faut-il se servir du blanc? faut-il se servir du jaune? Est-il nécessaire de les faire cuire? devons-nous les uti-

liser crus? Le hasard en décidera, et les œufs
crus, sans coque par exemple, furent jetés sur
un peu de farine délayée.

C'était un mastic assez gluant, mais Alquier
pensa que, pour lui donner un peu de ton, nous
devions y ajouter quelques gouttes de vinaigre.
Luco sourit de toute sa grande bouche : il avait
son idée. On parlait bien de marier cette sauce
avec quelques quartiers de noix, on y renonça
par prudence, et Luco grimpa sur le pont avec le
grand saladier, recommandé à ses soins.

Arrivé près de l'endroit qui lui servait de cuisine :

— Je vais bien étonner ces messieurs, se dit-il
d'un air sournois ; ils n'ont pas plus d'imagina-
tive qu'un hibou. Il y a là des pommes de terre,
un peu de couane, des fayots, et mes gaillards
n'y pensent pas, ça fait pitié ! Ça commande, et
j'obéis ! Ils mangent au carré, et je jeûne sur le
pont ! Dieu n'est pas Dieu.

D'une pensée à une autre, il n'y a qu'un pas,
c'est la flamme qui active la flamme. J'avais oublié de vous dire qu'un peu de sucre devait entrer
dans la composition du pâté. Or, le sucre, les
pommes de terre, les couanes et les fayots inspi-
rèrent Luco, et lui firent comprendre que le
mets tant convoité serait bien meilleur s'il y
ajoutait deux pincées de poivre et une petite poi-

gnée de sel : ce furent, je crois, tous les vêtements du ragoût qu'on livra sans pitié aux char-
bons ardents.

L'heure du dîner venue, Luco se présente fièrement avec le pâté sous le bras. Il était rayonnant
(je parle de Luco), il avait dix coudées, c'était le
Jupiter olympien des mousses, et je crois que le
soir il tutoya le capitaine ; hélas ! il se réveilla
quelques heures plus tard.

A l'œil, ces messieurs jugèrent que la chose
était confortable : le couteau l'entama, et chacun
de nous porta sur sa tranche une lèvre avide...
Luco se tenait dans un coin, attendant la couronne triomphale.

— Grand Dieu ! qu'est-ce que je mords ?

— Miséricorde ! qu'est-ce que je mâche ?

— Ciel ! qu'est-ce que j'entame ?

Et Luco frémissait.

— Scélérat, lui cria M. Delafraye d'une voix
de stentor, qu'as-tu mis là dedans ?

Mais, monsieur, vous m'avez demandé un
pâté.

— Eh bien ! misérable ?

— Eh bien ! je ne pouvais pas vous donner la
moitié d'un pâté ; les pommes de terre, les fayots,
le sel, le poivre et les couanes l'ont achevé.

C'était une erreur. Luco l'acheva seul, et le
lendemain il fut exempté du travail, car le pauvre

garçon s'était donné une indigestion à tuer un
éléphant. Eh! bon Dieu! vous me demanderez
pourquoi je jette ces pauvretés au milieu de mes
études sérieuses; c'est que toute joie lilliputienne
grandit aux yeux de celui qui balaye les flots sur
une pauvre barque, sous un ciel de feu, sans
vivres, presque sans eau, presque sans espérance.

Et voyez :

— Cargue la grand'voile! Hale bas le grand
foc! Laisse porter! Tout le monde sur le pont!

Les joies ici-bas ne se succèdent pas comme les
douleurs; celles-ci sont plus constantes, plus te-
naces : lorsqu'elles s'attachent à vous, elles ne
vous abandonnent plus qu'en lambeaux.

Pendant notre repas de Lucullus, le temps
s'était fait menaçant, la brise croissait irrégu-
lière dans sa force, capricieuse dans sa direction :
bientôt la cape seule, une cape forcée nous fut
permise; le capitaine obéit et nous attendîmes les
événements en gens de cœur.

Ce n'étaient plus des grains tropicaux, un ciel
léopardé, une mer courant toujours, pareille à
une cavale indomptée avide d'horizon; c'était
quelque chose de terrible et de menaçant, d'autant plus à redouter que rien ne disait encore
d'où viendrait le péril. Nous n'avions pas de ba-
romètre à consulter, on avait oublié de placer du

mercure dans le tube ; mais, à défaut de cet utile
indicateur, les oiseaux traversant l'espace et courant avec la rafale nous invitaient à la prudence,
peut-être même à la résignation.

La menace était partout, partout aussi la tur-
bulence et le chaos ; le vent décapitait les lames
affaissées sous les cataractes célestes ; les éclairs
zigzaguaient à travers les mâts éreintés ; une
violente odeur de soufre pesait sur l'atmosphère
rétrécie, et le pauvre brick aux abois ne savait
plus si la lame qui se dressait devant lui allait
lui servir de piédestal ou de tombe.

La crise dura quinze heures, pendant les-
quelles l'Ana eut à souffrir mille tortures, tantôt
couché sur un bord, la quille presque à l'air,
tantôt le beaupré à la nue et l'arrière sous une
vague bouillonnante... C'était beau à voir, imposant à sentir, magique à étudier !

Ce que j'ai remarqué de plus extraordinaire
dans ce combat à outrance, c'est que l'intervalle
qui séparait les deux rafales était silencieux ou
troublé seulement par les éclats de la foudre la-
bourant l'atmosphère en soubresauts métalliques.
Eh bien, c'est alors surtout que le brick courait
le plus de danger, c'est alors que ses nervures
craquaient avec un plus lugubre fracas ; car les
lames lancées les unes contre les autres les ser-
raient si fort dans leurs étaux, que nous sentions

la pression comme si nous-mêmes nous avions été soumis à leur puissance.

Je le crois, et c'est pour cela que je l'écris, il m'a semblé plusieurs fois que le navire, quand il était abandonné par la lame, retombait sur l'un de ses bords ou sur sa quille, livré seulement à son propre poids, de telle sorte qu'il eût été possible alors à l'ouragan de le saisir et de le faire littéralement tournoyer dans les airs.

J'aurais pu vous donner ici une magnifique description de tempête avec ses déchirements et son deuil ; il m'eût été facile de vous montrer les voiles en lambeaux, les bastingages en miettes, les mâts rasés et la drome lancée à la mer.

... Mais j'espère bien que l'Océan et moi aurons encore quelque affaire sérieuse à vider ; aussi le lecteur ne perdra rien pour attendre. Je suis de ceux à qui de si joyeux tableaux sont souvent réservés.

Laissons donc courir l'*Ana* sur une mer moins raboteuse, et fouillons de tous côtés au profit de nos derniers jours qui avancent à grands pas.

Un rocher se dessine à l'horizon, aigu d'abord comme un obélisque ; le voici qui s'étend, élargit sa base et montre au navigateur des végétaux colosses, sous lesquels s'agitent des populations amenées là par le hasard ou la violence des courants.

Que dit la carte? Elle signale le Rurik, îlot parfaitement dessiné, puis tout auprès, séparée par un canal fort étroit, une autre terre appelée Romanzoff... Tous mes souvenirs se réveillent; écoutez :

C'était en 1818, j'avais mes vingt ans bien sonnés (saluez le patriarche); l'ancre de *l'Uranie* venait de tomber dans la rade de Table-Bay, au cap de Bonne-Espérance, lorsque j'avisai, à une encablure de nous, un brick de robuste apparence, mais souffrant de ses combats de mer.

J'aime quiconque n'a pas reculé dans la lutte; aussi me fis-je l'ami du brick et allai-je le visiter. Il s'appelait *le Rurik*, il achevait un voyage de circumnavigation et il était commandé par le capitaine Kotzebue, dont le père, auteur de *Misanthropie et Repentir*, mourut sous le poignard d'un jeune fanatique.

Je trouvai là un dessinateur appelé Choris, dévoré depuis par une peuplade farouche de l'Amérique du Nord. De tels exemples ne corrigent pas tout le monde, j'en sais quelque chose.

Mais pourquoi cette marche rétrospective à une aussi grande distance? C'est que je suis arrivé à l'âge où les souvenirs font la vie, c'est que mon cœur bat avec force près des lieux où j'ai pleuré, où j'ai béni, et vous ne m'entendrez jamais prononcer le nom de mon riant village des

Pyrénées sans qu'un soupir d'amour s'échappe de ma poitrine. C'est que là dorment, entourés de la vénération publique, les restes de la plus adorée des mères, de la plus sainte des femmes,

Plaignez ceux qui ne comprennent pas ces magiques tristesses et ces pieux enivrements.

Cheminons et saluons les Marquises.

LES MARQUISES.

— Noukahiva. — Chaque pays a ses dieux. — L'anthropophagie est dans la religion. — Création de l'île   Singulière légende. — Un dieu pêchant à la ligne   Dormant et ronflant. — L'oiseau *patiatio*. — Ne me demandez pas de l'ordre. — Honneurs rendus aux morts   Festin du petit cochon. — La *popoë*. — Le poisson cru   O Véry! ô Véfour! — Sacrifices humains. — Le *tabou*   Tout est *tabou*. — Infériorité des femmes.   Les embuscades. —

Nous n'avons été favorisés ni pour le départ ni pour l'arrivée : après avoir levé l'ancre à Valparaiso, peu s'en est fallu que nous ne fussions jetés sur des roches ; et, sans le secours de cinq vigoureuses embarcations qui sont venues nous remorquer, je ne sais pas trop ce qui serait arrivé à notre pauvre brick, déjà si décrépit.

Ici, ce n'est qu'à l'aide d'efforts vraiment sur-
humains, et d'un pilote américain accouru à notre détresse, que l'*Anna* doit d'avoir pu continuer
sa route jusqu'à Taïti.

Trente fois au moins, en cinq ou six heures,
nous avons viré de bord, debout sur la dernière
lame qui venait se briser contre les galets, dans
cette maudite baie d'Anna-Maria (ou Taïhahoe).
Ce n'est guère qu'en désespoir de cause que nous
avons laissé tomber l'ancre qui nous a tenus cap-
tifs, sur un fond solide et rocailleux. Notre pauvre équipage était aux abois ; les hommes, épuisés
déjà par les pluies torrentielles des jours précédents et le *tornado* qui nous avait si rudement
secoués pendant la traversée, ne pouvaient plus
peser sur les manœuvres : ils allaient ! ils allaient!
parce que leur misérable vie est d'aller, et que
la garcette est un redoutable argument; mais il
était aisé de voir que les muscles n'avaient plus
de séve. Aussi chacun de nous se préparait-il
de son mieux à l'adieu solennel que nous allions
envoyer au pays.

Quant à moi, meuble inutile dans la tempête
comme dans le calme, j'étais descendu dans mon
étui ; et là, rassemblant mes notes et les confiant
à une boîte protectrice, je me dis que tôt ou tard
une pareille catastrophe devait me frapper ! Il
me semblait entendre mes bons amis de là-bas se

dire en ricanant : Cela lui sied bien ! il savait
où il allait, les flots seuls pouvaient lui donner
un utile enseignement !... Merci, mes chers Aris-
tarques ; mais me voici encore debout. Aveugle,
je connais la planète que nous habitons ; en pou-
vez-vous dire autant, vous que le soleil inonde
de ses rayons les plus splendides?

Quand j'avais des cheveux noirs et des idées
roses, — il y a vingt-cinq ans de cela si les chiffres
sont exacts, — nous appelions cette île *Noukahiva* ; plus tard, je ne sais pourquoi, on la nomma
Noukouhiva, et voilà qu'aujourd'hui elle subit
une nouvelle mutilation, et elle est baptisée *Nouhiva*.

Anna-Maria est aussi débaptisée par les navigateurs, qui ont conservé à la principale rade de
l'île son nom primitif : elle s'appelle *Taïhahoe*.

Figurez-vous des montagnes à droite, à gauche, devant vous ; des cimes tailladées, des plateaux sauvages, bizarres et sombres ; partout de
rudes aspérités, partout des ravins creusés par
des torrents, partout une nature âpre, horrible
à l'œil, presque impossible à étudier. Au pied de
ces mamelons et de ces artères granitiques, une
vingtaine de cases, quatre allées sablonneuses,
une maison en bois assez vaste, un fort en terre,
cinquante kanaks, deux ou trois cocotiers, deux
pères religieux, presque sans prosélytes ; puis,

une houle constante et lugubre, se promenant avec fracas sur les coraux qui la tiennent captive; puis encore, des pluies tropicales, tombant en cascades du sommet des monts, et bouillonnant jusqu'à la plage envahie... Tel est notre magnifique établissement de Nouhiva, telle est la vaniteuse succursale de Taïti, qu'on vient de déserter naguère, et dont on va s'emparer de nouveau, si nous en croyons les bruits qui sont venus nous visiter au Chili.

On est anthropophage à Nouhiva, mais beaucoup moins sans doute qu'à la Dominique où flotte notre pavillon, et que dans la Nouvelle-Calédonie surtout, terre farouche, sol inhospitalier, où l'homme sert de repas à l'homme, où l'Européen principalement court les plus grands dangers, s'il ne se fait précéder par la baïonnette et le canon.

A *Taïhahoe*, on ne mange plus ni hommes, ni femmes, ni enfants; mais dans les baies voisines l'anthropophagie est en honneur; le plus faible sert de pâture au plus fort, et la religion vient en aide au vainqueur.

Ce sont de bien singulières conquêtes que les nôtres! quelques pouces de terre inutiles et coûteux... Nous sommes capables de ce progrès! Mais les conquêtes morales, oh! celles-là, nous les négligeons, elles ne nous occupent guère; ou si une âme honnête veut les tenter, on la blâme de ses efforts, on lui enjoint de s'occuper de ses blockhaus ; ce qu'elle ne touche point de la main n'est plus de son domaine !

Eh ! bon Dieu ! ces lignes rapides disent à peu près l'histoire de Nouhiva, depuis que nous y avons arboré nos couleurs nationales. Mais les détails font le pittoresque des récits ; ceux que nous avons puisés sont curieux, amusants, dramatiques parfois : nous les devons à nos lecteurs... C'est autant pour instruire que pour étudier que nous labourons ce monde.

Je ne connais qu'un peuple qui vive sans Dieu, sans culte, sans autel. Les sauvages habitants de la Nouvelle-Galles du Sud, se nourrissant de fourmis, de larves d'insectes, de serpents, m'ont paru n'avoir pas une idée de la création ni d'un Être éternel : j'ai eu beau les interroger sur leurs ancêtres, j'ai eu beau leur prêcher une divinité protectrice, une puissance malfaisante, ils ne m'ont jamais compris. Ces malheureux naissent, vivent, multiplient et meurent ; ils ne voient rien en deçà, rien au delà.

Les peuplades les plus farouches du globe ont des dieux qu'elles renversent à leur gré quand elles perdent une bataille, et qu'elles redressent plus tard quand la victoire leur est acquise... Élever et détruire, c'est là une mission que l'homme s'est donnée dans son incommensurable orgueil.

A Nouhiva, ile où l'anthropophagie est dans la religion, où nos armes n'ont pu la détruire encore, il y a eu, de temps immémorial, des divinités auxquelles ces sauvages habitants croient encore. Fo, Brahma, Christ, Mahomet, le paganisme, n'ont pas toujours la raison pour principe; voyons si les Nouhiviens ont plus de logique.

Ce sont les vieux qui racontent, c'est l'aveugle qui recueille : Nouhiva était d'abord longue et plate, elle est aujourd'hui ronde et osseuse; sur ses crêtes noires et sauvages, crevassées de toutes parts, comme si le feu venait d'y jouer un grand rôle, bruissent les chevelures touffues des végétaux colosses qui semblent peser sur le sol. Rien n'est puissant comme cette nature! rien n'est imposant comme le silence de ces solitudes que nul rauquement de bêtes fauves n'interrompt, où ne retentit jamais nul cri de guerre, car la mort et la profanation sont là, sur le rivage, à côté des flots qui emportent les débris des victimes !

Mais comment ce sol, à l'aspect aujourd'hui si farouche, a-t-il subi cette miraculeuse mutation? Le voici : c'est simple et naïf comme une causerie de Nodier. Un dieu, il s'appelait *Atoua*, pêchait à la ligne, — cela est permis aux dieux comme aux hommes, — les plus érudits de l'endroit assurent que c'était dans une pirogue. Il allait poussé par le vent, qui faisait, selon ses désirs, le tour de la boussole ; tout à coup il lui prend envie, malgré sa divinité, de se mettre à table ; il coupe un poisson en deux, en lance une partie en l'air, elle retombe. et voilà l'île au premier jour de sa création.

Le dieu (*Atoua*) descend, se promène, et satisfait son appétit. Il paraît que la variété des tableaux était dans les goûts du souverain de ces lieux, puisqu'il imagina ce cataclysme de monticules entassés les uns sur les autres, de ravins et de criques dont l'île est aujourd'hui si étrangement tailladée.

Après le repas, le sommeil ; cela est rationnel en haut comme en bas. *Atoua* s'endormit, ronfla sans doute ; et accourut à sa musique nasale un autre dieu, dieu malfaisant : il s'approcha de lui, prit bien ses distances, saisit un énorme caillou, et comme il visait admirablement, et qu'il n'était d'ailleurs qu'à deux pieds de son adversaire, il manqua son coup... *Atoua*, réveillé, se mit dans une colère diabolique, tout dieu qu'il était ; et s'emparant à son tour du caillou, inoffensif jusque-là, il le lança, comme l'eût fait un Baléare, sur son maladroit adversaire, qui tomba pour ne plus se relever. Ne doutez point de la vérité historique de ce combat : le caillou sacrificateur est en vue de tous, dans la baie Callet. Accourez donc, incrédules Parisiens, la chose en vaut la peine ; cinq à six mille lieues sont bientôt franchies, surtout si le cap Horn se montre généreux et donne un démenti à ses habitudes quotidiennes. Là, sur une arête de lave presque verticale, le colosse caillou se dessine en saillie aux regards étonnés ; et vous distinguez, pour peu que vous y mettiez quelque bonne volonté, la trace des doigts puissants du dieu sur la pierre sacrée.

Faut-il de nouveaux gages aux incrédules ? Écoutez ce chant joyeux du *patiotio*, charmant petit oiseau jaune, venant tous les matins et tous les soirs gazouiller le triomphe du maître caché de toutes ces îles. Eh ! messieurs, il n'y a là rien d'apocalyptique ; un fil d'araignée a donné une religion au monde : pourquoi un caillou ne doterait-il pas d'une divinité quelconque un sauvage archipel ?

Cependant il y a eu, parmi les peuplades de ces contrées, des Thomas qui ont voulu voir et toucher, comme celui dont parlent les livres saints. Le caillou était bien un argument, argument presque sans réplique, mais une preuve ajoutée à une preuve impose silence au scepticisme ; et voilà pourquoi, un beau jour, par une de ces riantes et suaves matinées où la brise se

levant à terre va courir vagabonde sur les flots
à peine ridés, quelques pirogues prirent le large
et allèrent à la recherche de l'oasis ignorée d'où
était parti le dieu *Atoua*. Hélas! les vents sont
inconstants, ils ont leurs caprices, c'est-à-dire
leurs colères, et les pirogues, dont jamais personne n'entendit parler, ont dû laisser les populations de Nouhiva dans la foi seule du caillou
vertical.

Vous verrez qu'un de ces jours des nuages
amoncelés couvriront l'île d'un long crêpe de
deuil ; la foudre, qui est le glaive d'un Dieu plus
puissant qu'*Atoua*, renversera l'édifice rival et fera
trôner sur Nouhiva-la-Farouche les dogmes d'une
religion de justice, de clémence et de paix.

Quand naîtra ce jour? quand sonnera cette
heure? La vieille Europe croit marcher en avant,
elle va souvent à reculons ; et le peu de progrès
moraux que nous avons faits jusqu'ici aux Marquises m'inspire des craintes sérieuses pour l'a-
venir de la colonie.

Il y a très-peu de temps de cela que le commandant de notre station, sur les confidences de
quelques Nouhiviens inquiets à propos de leurs
ancêtres fugitifs, expédia un de ses navires pour
aller à la recherche des aventureux Argonautes...,
et comme il n'obtint aucun résultat, les Nouhiviens sont convaincus que leurs compatriotes,

heureux dans leur nouvelle position, n'ont pas voulu revoir leur ancienne patrie.

Il y a toujours moyen de donner un croc-en-jambe à la logique la plus précise; et ce sont de fins matois, je vous l'assure, que les habitants des Marquises, dès qu'ils se trouvent en lutte avec les ennemis qui viennent se ruer sur eux.

Poursuivons encore notre marche, mais ne me demandez pas de l'ordre; ce serait vous imposer à vous-mêmes le découragement et l'ennui : la variété dans les récits en fait le charme principal, et j'aime mieux un labyrinthe qu'une plaine avec toute sa régularité... Je l'ai déjà dit.

Puisque nous trouvons aux Marquises une tradition, un culte et un caillou vertical, il doit y avoir quelque chose de sérieux dans ce qui concerne les morts. Tout ce qui fut s'en va-t-il avec le cadavre? Affection partagée, tendresse mutuelle, haine, amour et colère, doivent-ils s'éteindre autour des restes de celui qui pensa, qui pleura, qui aima comme nous et avec nous?

On est encore anthropophage aux Wallis, aux Salomons, à Ombay, de hideuse mémoire; on l'est également aux Fidtgi et dans la Nouvelle-Calédonie, là et là, tout près de nos établissements protecteurs; et les missionnaires ne peuvent rien contre ces mangeurs d'hommes, pour

lesquels notre chair européenne est un mets si
délicieux.

Et pourtant, dans ces archipels que je viens de
nommer, l'homme qui s'en va laisse l'homme qui
reste dans le deuil et le désespoir. Ici on se
coupe une phalange à la mort du frère, là on se
couvre de brûlures à la mort de l'ami ; la fosse
où repose le cadavre est respectée comme un lieu
saint dont on punirait de mort le profanateur.

Voyons si les Marquises font exception à la
règle.

Celui qui vient de disparaître pour toujours ne
s'exile point de la mémoire des amis et des parents qui l'ont aimé. Dès que la vie s'est effacée,
des cris de désespoir se font entendre de toutes
parts ; on se donne rendez-vous dans la maison
mortuaire, on entoure le cadavre, on le baigne de
pleurs, et puis, avec un soin religieux, on s'en
empare, on le vêt de ses plus beaux ornements,
on place à ses côtés ses plus magnifiques armes,
surtout celles qu'il a conquises sur l'ennemi ; et,
quand la prière des morts est récitée, on l'assied
dans une pirogue ; les jambes sont horizontales,
le haut du corps assujetti par deux traverses per-
pendiculaires au sol ; on tient debout la tête et
les bras à l'aide d'une troisième traverse, celle-ci
placée de telle sorte que vous croyez que la vie
se promène encore sur ce front sans pensée, sur

cette poitrine sans battements. Toutefois, comme il faut combattre les effets de la destruction, des hommes et des femmes le frottent continuellement avec de l'huile de coco, et l'éventent en lui adressant les paroles les plus affectueuses.

Cela fait, les voisins sont convoqués; ils arrivent, et là, avant le festin qui doit avoir lieu et pour lequel on a immolé un certain nombre de petits cochons, suivant l'importance du chef, le parent le plus rapproché lui dit : « C'est ton ami « *Okateio* qui vient te voir et souhaiter que ton « âme se promène en paix sur les nuages. C'est « ta fidèle compagne *Toui* qui, le sein déchiré « par des roseaux, vient t'assurer que sa dou- « leur sera éternelle. »

Les présentations achevées, cérémonie qui a lieu pendant quinze ou vingt jours au moins, au milieu des miasmes les plus pestilentiels, on enveloppe le cadavre dans les tapas les plus moelleuses, on le hisse au plafond de la case, ou bien on le porte dans une petite hutte voisine qui devient ainsi le *moraï* de la famille. Ce *moraï* ou cimetière est ordinairement entouré d'arbres, et tous les matins, tous les soirs, vous voyez les amis du défunt suspendre aux branches des offrandes sacrées, des étoffes en papyrus, des cochons, des fruits, des poissons et de la *popoë* que nul n'oserait disputer au mort.

Disons, en passant, que la *popoë* est une pâte faite avec le fruit de l'arbre à pain que presque tous les archipels océaniques appellent *maïoré*; c'est la nourriture habituelle et favorite de tous ces insulaires. Peut-être y aurais-je pris goût si j'avais fait chez eux un séjour d'une trentaine d'années, et si l'on ne m'avait profondément dégoûté de la cuisine du pays en me forçant à manger le poisson cru, qu'ils servent avec tant d'empressement aux étrangers.

O Véry, Véfour, Champeau, Beauvilliers, Lointier! que n'envoyez-vous ici quelques-uns de vos secrets culinaires? Le plus infime de vos marmitons y serait cordon bleu, et peut-être lui dresserait-on des autels.

Quand le grand prêtre de la vallée a dit adieu au monde, la cérémonie funèbre a un tout autre aspect. Malheur! trois fois malheur à celui des habitants de l'île qui ne témoignerait pas de sa douleur par des larmes et des mutilations!

Le cadavre est là ; les plus belles filles de l'endroit accourent échevelées, elles entourent le grand prêtre, jettent au loin leurs vêtements, et, prenant des postures lascives et lui adressant les paroles les plus tendres, elles espèrent, disent-elles, que tant d'extases le rendront à la vie. Hélas! ici comme chez nous, la mort garde bien ce qu'elle a pris.

Ces danses des jeunes filles n'ont lieu que le matin avant le lever du soleil, et le soir après son coucher. Puis viennent les sacrifices humains ; les guerriers de la baie se mettent en course, se placent en embuscade derrière un taillis, et malheur aux passants qu'ils peuvent atteindre ! Le sang coule, un cadavre est déchiqueté par les armes et par les dents, et une âme s'envole avec plus de bonheur vers l'éternité.

Est-ce qu'il faut des martyrs à toutes les religions ? Dès que le grand prêtre est mort, la vallée semble couverte d'un voile de deuil ; nul feu ne s'allume, nul mets ne peut être préparé, les femmes se coupent la chevelure et vont la porter dans le bois sacré. Pendant une lune au moins, pas de danses, pas de fêtes, on dort à la pluie, on se couche sur la pierre, on se déchire les chairs...

Qu'avait donc fait pendant sa vie le grand prêtre si regretté ? Il s'était nourri des cochons et des fruits dont chacun lui faisait hommage... Il avait condamné quelques pauvres imbéciles, coupables d'avoir violé un *tabou*, et vous allez voir si, en effet, le châtiment est proportionné au crime... J'achèverai le tableau plus tard.

Le *tabou* est la loi fondamentale du pays, la loi divine, la première, la plus puissante de toutes, la seule dont ne peuvent s'affranchir ni l'âge ni le sexe. Un enfant, une pauvre petite créature qui bégaye à peine le nom de son père, entre en sautillant dans un lieu *tabou*... Ne demandez pas sa grâce, vous seriez immolé avec lui.

Il a plu au grand prêtre mourant de tabouer la couleur rouge; or, il arrive qu'une petite rigole de cette couleur, rigole imperceptible, traverse l'énorme *tapa* dont je me vêts; à l'instant même, on décide ma mort, et l'on m'empoisonne ou l'on me casse la tête.

Je ne savais pas, moi, que le rouge fût *tabou*, on ne l'avait pas promulgué à son de trompe; n'importe, mon ignorance ne me sauvera pas, et j'irai rejoindre mes ancêtres. Si le grand prêtre qui est parti a taboué la couleur rouge, son remplaçant rend au rouge toute sa faveur perdue, et taboue le bleu. Notez bien que le blanc et le jaune ne sont jamais *tabou* : la cause, personne n'a pu la deviner. Peut-être y a-t-il là-dessous un mystère d'où dépendent les destinées des royaumes, des empires et des républiques. Mais savez-vous ce que font les chefs pour s'épargner les conséquences du *tabou?* Ils se tabouent eux-mêmes, et les voilà sacrés.

Tenez : *Mohana,* le grand roi que j'ai vu hier et dont je vous parlerai sous peu, était menacé dans sa puissance par un autre chef, *Opé-Wahiné,* et par son peuple qui le craignait énor-

mément et qui avait raison de le craindre ; on avait
même résolu sa mort : mais lui, intrépide jusqu'à
la témérité, s'élance au devant de ses adversaires,
au milieu d'une grande *koïka* ou fête nationale,
et, s'adressant à *Opé-Wahiné :* « Misérable ! lui
dit-il, tu oses opposer ta puissance à la mienne !
Eh bien ! j'accepte ta haine. Je crache sur ce
caillou, je te le livre : fais-en ce que tu voudras,
lui et toi je vous méprise et vous n'oserez pas
m'attaquer. » Cet acte d'audace inouïe doubla
les partisans de *Mohana*, qui est aujourd'hui le
chef le plus puissant de l'île et notre ami dévoué
dans les circonstances les plus épineuses, en attendant la réalisation de ses projets de conquête.

Si un chef a pris l'habitude de se promener
dans un sentier, dès ce moment le sentier est
tabou ; on en trace un à côté du premier, et
celui-ci se couvre de gazon.

Le cochon rouge est *tabou*, nul ne peut le
tuer sans sacrilége ; nous en avons mangé un à
bord de *l'Ana,* et je vous assure qu'il ne fut pas
tabou pour nous : les dents s'usaient à la peine.

L'arbre à pain est *tabou* pour les femmes ;
malheur à elles si elles essayaient d'en escalader
un... Toujours des priviléges au sexe le plus
faible. Il est vrai que les hommes seuls font les
lois, et que la galanterie n'est dans le Code d'aucun des peuples que j'ai visités.

L'endroit élevé où mangent les hommes est *tabou* pour les femmes, qui n'ont jamais que les restes dédaignés du repas. Les femmes ne peuvent se vêtir du *tapa* qui a voilé l'homme.

Je n'en finirais pas si je vous disais tous les *tabou* consacrés par la religion : je n'en finirais pas si je vous disais les désolantes humiliations qu'ont à subir les femmes dans presque tous ces archipels océaniques. C'est à bouleverser la raison, c'est à briser le cœur. Tàchons d'oublier.

Je vous ai parlé des embuscades de certains chefs d'une tribu à la mort des grands prêtres ; encore un pas, et me voilà dans les guerres cruelles, abominables, inhumaines, atroces, qu'ils se font de district à district... Toujours du sang dans les pages de l'histoire.

Peu de temps avant notre arrivée aux Marquises, une guerre éclatait entre les *Taïpïvaï*, peuplades farouches jusque dans leurs amours, et les districts voisins. Les premiers, plus forts, plus intrépides, mirent tout à feu et à sang ; ils entrèrent dans les cases, brisèrent la tête des enfants sur le sol, ouvrirent le ventre aux femmes enceintes, crevèrent les yeux aux jeunes filles, et firent un immense auto-da-fé des restes de tant de victimes. Quant aux prisonniers qui avaient essayé de combattre, ils les réservèrent aux plus épouvantables tortures, et la plume se refuse à retracer les horreurs où s'abreuvèrent ces cannibales... Nous arrivâmes sur ces entrefaites; nous savions qu'un capitaine américain, Porter, avait été battu dans diverses rencontres avec les *Taïpivaï*. Nous devions nous tenir sur nos gardes... et bien nous en prit d'user d'une extrême prudence pour échapper aux embûches incessamment tendues à nos soldats par les *Taïpivaï*, que nulle puissance au monde ne pourra civiliser.

Est-ce un progrès, est-ce une décadence qu'il me reste à signaler? Les faits sont éloquents, je les flétris. J'ai dit le passé; voici le présent. Un autre nous dira l'avenir.

LE ROI MOHANA.

— Un roi de pacotille. — Les hommes-poissons. — Leurs
femmes. — Le père Alexis. — Son accent et son pain tendre. — Réponse d'une petite sœur à son petit frère. — Je
suis roi. — Nez contre nez. — Singulière opinion de
Mohana sur la largeur des routes. — Comment ce grand
monarque s'y prit pour savoir si je savais nager. — Une
nuit passée en compagnie. — Le chant des sorciers. — Un
roi à moitié gris. — Lequel est le meilleur de manger un
homme, une femme ou un enfant ? —

———

Mohana ! Mohana ! je t'accuse, selon nos mœurs,
de n'être qu'un roi de pacotille, et, selon les
tiennes, un roi trop sans façon.

Il me semble qu'il doit toujours y avoir, dans
l'homme que le courage ou le hasard a placé à la
tête des autres, certaines grandes et généreuses
pensées, à l'aide desquelles il lui est permis de
se mettre à l'abri des usages traditionnels qui dé-
gradent un peuple aux yeux des nations avancées;
il me semble qu'il est des hontes que chacun de
nous doit comprendre, ne fût-ce que par instinct,
cette faculté des brutes : et toi, Mohana, tu
viens de donner en ma présence un démenti à ma
foi... Nous nous expliquerons plus tard ; le fait
dira ce que ma plume ne sait pas écrire.

11.   12

Un Français, pauvre homme d'ailleurs, un enfant perdu dans ce monde, et que l'impossibilité de respirer autre part a fixé ici, vint à notre bord, tandis que nous luttions contre les courants qui nous exposaient aux plus grands dangers : il nous conseilla d'accepter le pilote amené par lui, et bien nous en prit, car notre grêle équipage était aux abois, je l'ai dit, et les récifs grondaient à une longueur de gaffe de l'*Ana*.

Nous mouillâmes enfin, et je descendis à terre, dans la petite pirogue que les missionnaires nous avaient envoyée. Arrivés près de la plage, les Kanaks se jetèrent à l'eau, m'enlevèrent sur leurs épaules, et me déposèrent sain et sauf sur la grève.

Les Kanaks des Marquises sont amphibies, ils nagent comme ils marchent, beaucoup mieux qu'ils ne marchent, et s'ils reculent devant une aspérité de la route, les lames les plus furieuses ne les feront pas renoncer à la promenade aquatique qu'ils auront résolue.

Quant aux femmes de ces hommes-poissons, leur adresse et leur audace sont plus merveilleuses encore ; la présence des requins ne les arrête pas dans leurs évolutions de chaque jour à travers les récifs, et vous les voyez, ces fillettes de dix à douze ans, plonger à tribord d'un navire en route, et se montrer un instant après à bâbord, en secouant joyeusement les touffes noires de leur épaisse chevelure... Nous reparlerons d'elles, car je n'ai jamais compris l'ingratitude; elles ont de si grands yeux et des mains si petites !

On me conduisit chez les pères; je leur fus présenté par le frère Alexis, auquel les Kanaks n'ont pu rien enlever de son accent gascon.

Alexis est né à Auch, et croit à Satan, à Belzébuth, à Lucifer, à saint Denis portant sa tête dans un plateau : il croit aux lutins, aux farfadets, aux gnomes, aux ¡eines éternelles pour des fautes temporelles ; au surplus, ne damnant personne, et bon garçon dans toute l'acception du mot... Salut, frère Alexis.

Les pères m'invitèrent à déjeuner : je craignais si fort qu'ils ne le fissent point, que j'acceptai avant de leur laisser finir la phrase.

Une table, des coudées franches, des verres propres qui ne redoutent pas le roulis, une chaise qui ne crie pas au tangage, la brise qui court dans tous les sens, de l'eau limpide dans une grande carafe, et du pain...

Que c'est bon, du pain! du pain blanc, bien fait, bien levé, avec sa croûte dorée, ses yeux intérieurs.

Frère Alexis, le pain que tu m'as fait manger t'absout de ton accent gascon, et Dieu te tiendra

compte là-haut du bonheur que tu m'as donné
ici-bas.

— Petite sœur, pourquoi nous fait-on dire
chaque matin : *Mon Dieu, donne-nous notre
pain quotidien*, au lieu de : *notre pain de la
semaine?*

— Petit frère, parce que comme ça il est toujours *tendre*.

A six ans, on a parfois du génie, surtout
quand on se boutonne à grand renfort d'épin-
gles.

Certes, c'est bien bon une caresse de mère,
une caresse d'ami, une pression de main fraternelle ; mais c'est bien délicieux aussi du pain
frais après une navigation longue et douloureuse !
Du pain frais, de l'eau pure, je ne sache point
de plus douce compensation aux dangers de la
mer.

On servit, je crois, des œufs, du jambon, du
poulet et des bananes ; mais, ce dont je me sou-
viens encore aujourd'hui, c'est qu'il y avait là du
pain, du pain frais, pétri par Alexis, qui est bien
la meilleure pâte d'homme que j'aie jamais vue.

Alexis croit au purgatoire et aux revenants :
je crois à frère Alexis qui m'a fait manger du
pain frais et boire de l'eau pure.

Je crois également aux révérends pères Dordillon et Jean, dont la conversation est correcte,

qui prêchent avec tolérance, et ne se découra-
gent point par l'insuccès de leur apostolat.

Mais, pendant le déjeuner, que chacun de nous
se plaisait à prolonger, qu'avait fait le Français
introducteur? Il s'était mis bravement en marche,
et conduisait près de moi Mohana, en lui annon-
çant l'arrivée d'un roi européen.

Tu en as menti par ta gorge! fils de la Beauce,
je ne suis pas roi.

Quoi qu'il en soit, voici mon cousin Mohana,
vêtu à l'européenne, mais nu-pieds, et magnifi-
quement tatoué, si mes doigts ne me trompent
pas. Il s'assied à mon côté, frotte son nez contre
le mien, boit, reboit, et nous causons.

Ah! par exemple, Mohana boit du vin, il en
boit beaucoup; il en boirait toujours, s'il le pouvait, et ce serait là un immense malheur! car
son ivresse est fatale à ses sujets, et le misérable
tue alors avec une épouvantable cruauté.

Dans son état normal, Mohana est riche d'un
bon sens fort remarquable, et il n'hésite pas à se
placer au-dessus de nous quant à l'intelligence
et au courage, parce que, dit-il, nous avons besoin de puissants auxiliaires pour gagner des ba-
tailles. Sans vos fusils, vos canons, vos forts et
vos chevaux, poursuivit-il avec ironie, pas un
de vous n'aurait revu son pays. Vous avez plus de
tête que nous, nous avons plus de cœur que vous.

Mohana s'étonne que nous venions chez lui habillés, que nous y vivions habillés, et que nous y séjournions, puisque nous n'aimons presque aucun des fruits ou des mets dont les Kanaks se nourrissent. Mohana se demande pourquoi nous faisons de si larges routes ; on marche l'un après l'autre, dit-il, et l'on s'évite un travail inutile.

Mohana, tout puissant qu'il est, croit qu'il ne peut pas plus offenser son grand Dieu qu'une fourmi ne l'insulte, lui, en le mordant au talon ; Dieu punit, ajoute-t-il, mais il ne se venge pas.

Mohana persiste à être convaincu que les souliers désapprennent la marche, et sont une preuve de couardise ; il en met cependant quelquefois, mais c'est pour nous humilier.

Je n'ai jamais pu deviner, dans les questions ou dans les réponses de Mohana, s'il avait pour les Français, aujourd'hui ses dominateurs, du mépris ou de l'enthousiasme : quand il nous encense, c'est toujours pour les plus petites choses ; et quand nous cherchons à lui faire admirer quelques-unes de nos plus belles découvertes, il prétend que c'est notre faiblesse et non pas notre génie qui les a faites.

— Vous avez toujours besoin de secours étrangers pour vaincre, me disait-il encore hier, en se promenant à mes côtés sur la plage balayée par la houle : avec des fusils, des canons, des vivres

et des forts, poursuivit-il, nous ne permettrions
à personne le séjour de notre île. Vos armes vous
servent de loin, les nôtres nous protégent de
près : on dirait que vous n'êtes braves qu'à une
certaine distance du péril... Ne me réponds pas,
ajouta-t-il en me serrant la main. et dis à l'un
des tiens, au plus intrépide, au plus robuste, de
m'imiter.

Aussitôt, s'élançant dans la gueule de la vague
qui mugissait, il disparut pour se remontrer un
instant plus tard sur une vague moins rappro-
chée, et je l'entendis lutter de ses bras nerveux
contre le courant... Mohana avait aperçu de loin
une pirogue entraînée vers les brisants ; il l'at-
teignit, et, grâce à lui, elle put reprendre le
large. Une heure après, il vint en souriant me
demander si j'étais content de lui, et pourquoi je
ne l'avais pas imité.

Mohana, c'est l'aspect et la nature de son pays,
ici rude et sauvage, là caressante et sourieuse ;
épanouie aujourd'hui sous un ciel limpide, noire
et menaçante demain sous des pluies torrentielles.
Il est sage de choisir le bon moment, pour ne pas
redouter quelques accès de colère de Mohana, et
il faut que le hasard m'ait bien favorisé, puisque
je l'ai toujours trouvé prêt à céder au moindre de
mes caprices.

Oh ! par exemple, il ne crut pas à la sincérité

de ma parole, quand je lui dis que je ne savais
pas nager ; aussi, pour vérifier le fait, m'invita-
t-il le soir à une course dans sa pirogue. J'acceptai avec confiance ; mais, à peine à cinquante
brasses du rivage, mon drôle chavire l'embarca-
tion, et me laisse un instant me débattre des
pieds et des mains... Quelques minutes après,
étendu sur le sable, et la tête appuyée sur les
genoux de Mohana, qui m'avait enlevé entre ses
bras, je lui demandai grâce pour une nouvelle
épreuve : le monarque fut convaincu.

J'ai dit l'enthousiasme de Mohana pour les
petites choses comprises par son intelligence, et
son mépris pour celles dont il n'admettait pas une
absolue nécessité... Il admire le tire-bouchon,
l'aiguille, les ciseaux, il ne comprend ni le peigne
ni le rasoir ; il est tombé en extase devant une
allumette chimique, et il aime cent fois plus un
sac qu'un habit. Les tours d'escamotage que je fis
devant lui, chez les pères, lui donnèrent le ver-
tige ; et je lui dois un témoignage de haute estime,
dont il faut bien que je vous parle, puisque j'écris
les mœurs des Kanaks de Thaïhaohé.

La nuit était venue, nuit tropicale, nuit balsa-
mique, avec ses parfums, ses brises et sa torpeur
caressante. J'étais rentré dans la case d'un Espagnol établi à Nouhiva : je venais de sucer un
maïoré, et j'appelais le sommeil, qui me fuit tou-

jours, depuis que mes yeux sont sans regard, quand j'entendis marcher auprès de ma natte.

— Qui va là? dis-je en étendant les mains, et en secouant les milliers de fourmis qui se promenaient sur moi.

— C'est Mohana, me répondit l'Espagnol, c'est Mohana, sa femme, et sa belle-sœur, jeune fille de quatorze ans, qui a voulu vous voir.

— Qu'ils soient tous les bienvenus et qu'ils s'asseyent.

— C'est déjà fait.

Après quelques compliments échangés, Mohana repartit, emmenant sa femme et me laissant Moëra, qui exhalait l'huile de coco à une lieue à la ronde. Je lui fis un geste amical; quatre toutes petites mains tombèrent dans les miennes. La belle-sœur de l'Espagnol, âgée de dix à onze ans, voulut aussi me tenir compagnie. N'étions-nous que trois?... J'en doute, il me sembla que j'entendais respirer une autre personne, et je crois que la femme du Français passa la nuit dans ma chambre. Au reste, je fis comme si elle n'y était pas.

Les deux jeunes filles, pour me tenir éveillé sans doute, s'assirent genoux contre genoux, au pied de ma couchette; et, marquant la mesure à l'aide de deux petits morceaux de bois taillés en fuseau, elles se mirent à chanter, à bourdonner, à piailler, à soupirer un air si monotone, si fade, si douloureux, que mon système nerveux en était horriblement agacé.

Voici les paroles de la chanson que l'Espagnol me traduisit le lendemain :

— Crois-tu aux sorciers?

— Je crois aux sorciers.

— Es-tu sûre qu'il y a des sorciers?

— Je suis sûre qu'il y a des sorciers.

— As-tu vu des sorciers?

— Je n'ai jamais vu de sorciers.

— Les sorciers, sont-ce des dieux ou des hommes?

— Ils sont hommes ou dieux à volonté.

— Pourquoi se font-ils hommes, puisqu'ils sont dieux?

— Parce qu'il faut des tempêtes à l'air, des orages aux flots, des passions au cœur, et qu'on mourrait vite sous un ciel toujours bleu, sur une mer toujours calme.

— Ainsi, les sorciers sont plus heureux lorsqu'ils se font hommes que lorsqu'ils restent dieux?

— Tu l'as dit.

— Chantons les sorciers.

Il était deux heures, les fruits résineux enfilés dans une tige de bois vert fixée en terre cessèrent de pétiller; et, comme ceux des templiers, *leurs chants avaient cessé...* J'écrivis, et j'attendis mes visites du matin.

La femme de Mohana se présenta la première, et, s'approchant sur la pointe de ses petits pieds, elle me donna un baiser au front; puis, d'une voix caressante, elle me dit en français : *Bonjour, frère, bonjour.* La femme de Mohana a menti, elle n'est pas ma sœur : je vis dans le dégoût de l'huile de coco; la belle-sœur de l'Espagnol n'en avait pas mis à ses cheveux, mais hâtons-nous d'ajouter que c'était un sacrifice qu'elle m'avait fait.

Au surplus, les adieux de la tête huilée n'en furent pas moins bienveillants, et elle ne me parut nullement contrariée de la préférence que j'avais accordée à son amie. Le cadeau d'un foulard acheva de me maintenir dans ses bonnes grâces.

Amour-propre féminin blessé est beaucoup plus difficile à guérir chez nous. Mesdames de Paris et de la banlieue, cela est-il vrai?

Mohana se montra quelques instants après, m'adressa une douzaine de paroles amicales, toucha de la main la natte sur laquelle j'étais couché, puis il disparut, vêtu seulement, cette fois, de son magnifique tatouage. Il était vraiment roi kanak et sa femme vraiment reine, car les dessins de son corps sont magnifiques aussi; je les ai là, sous la main, tout le monde les admire.

Mais pourquoi Mohana venait-il de toucher la natte avec tant d'autorité? Je voulus le savoir, et je m'adressai à l'Espagnol, qui faisait une grimace horrible, si j'en juge par ses énergiques jurons.

— Cet homme, me dit-il avec une colère violente et des gestes de matamore, cet homme, señor, n'est pas un homme, ce n'est pas même un roi; cet homme est un avaleur de tout, un accapareur de tout; c'est un ogre, un vampire, un gouffre; cet homme dévorera un beau jour nos femmes, nos cocos, nos bananes, nos champs de patates, nos cases, nos porcs; cet homme avalera l'île et tous ses habitants, sans la moindre indigestion!... Oh! le scélérat! oh! le damné!

— Voyons, voyons, calme-toi, mon garçon, et dis-moi le motif de cette imprécation qui pourrait te porter malheur.

— Mais vous n'avez donc pas vu, señor, cet antechrist, tout à l'heure, toucher de la main et de la tête la natte sur laquelle vous avez couché?

— Oui, eh bien?

— Eh bien! dès ce moment la natte ne nous appartient plus, nous ne pouvons plus nous en servir, elle est au feu ou à lui. Il nous est permis de la brûler, d'en jeter les cendres au vent; mais, comme le bandit a de la mémoire, il reviendrait un de ces quatre matins et ne manquerait pas de

prendre sa revanche... Donc, nous n'avons qu'à
lui porter la natte *tabou*.

— Et si vous vous en serviez encore?

— Il aurait le droit de nous faire rôtir tout
vivants et de nous avaler.

— Est-ce sa tête qui a sacré la natte?

— D'abord la main, puis la tête. Il n'y a pas
six mois, un capitaine américain osa toucher les
cheveux de Mohana ; à l'instant même celui-ci le
tua, donna le corps à deux de ses chefs et se ré-
serva la tête pour lui seul ; il avala les yeux, le
nez, la langue, la cervelle avec un bonheur d'anthropophage, et si vous allez chez lui vous verrez
encore cette hideuse conquête suspendue près de
sa couche royale.

— Mais, chez les pères, je lui ai touché la
tête, moi, et cependant me voici.

— Je crois bien, je lui avais dit que vous étiez
roi comme lui, et vous êtes aveugle.

— Allons! voilà ma cécité qui me sauve du
four ou de la broche, et des dents de Mohana.
Merci aux ténèbres.

— Tenez, les pères l'avaient converti. Mohana,
sans trop savoir pourquoi, venait de se décider à
se faire chrétien, c'était une joie parmi nous ;
mais, quand on lui dit de se courber pour recevoir l'eau sainte sur la tête, sa colère monta haut,
il jeta dans la mer la coupe sacrée, et peu s'en

fallut qu'il ne nous déclarât de nouveau la guerre. Mais pardon, señor Santiago, poursuivit l'Espagnol en roulant la natte *tabou*, je vais lui porter ce qui lui appartient et prier Dieu qu'à l'avenir il m'épargne ses visites.

Soyons justes même envers les iniques ; Mohana détaboua la natte le soir et me la prêta pour passer la nuit, mais il la réclama de nouveau avant le lever du soleil, et elle lui fut livrée.

Le soir. Mohana se trouva sur mon passage et vint à moi Santiago, à moi monarque comme lui. Sa majesté kanake avait bu, je m'en aperçus aisément à ses hoquets vineux et à la brusquerie de ses caresses, pareilles à des menaces.

— J'ai faim, me dit-il en m'accostant.

— Je parie que tu n'as pas soif, lui répondis-je.

— Tu perdrais ; rien n'altère comme ce qui désaltère ; il me semble que j'avalerais la baie.

— Pourquoi n'essayes-tu pas ?

— Parce que ce n'est ni du vin ni de l'eau-de-vie.

Mohana ivre à demi n'est qu'à demi féroce ; mais s'il a tout à fait succombé dans son duel avec l'eau-de-vie, je ne sache point de case capable de résister à la secousse de son épaule. Pendant notre courte promenade, sa main brisa deux toitures, et son pied démolit trois pirogues. Quel pied ! quelle main !

— Pourquoi ces violences? lui dis-je en me tournant vers lui, comme si j'avais pu étudier sa physionomie.

— Tu appelles cela des violences, me répondit-il, ce sont des caresses; tu vois bien que je ne frappe ni hommes ni femmes; ce que je fais leur apprend le travail.

— Mais c'est précisément le travail de ces hommes que tu détruis, je ne crois pas qu'ils t'en gardent une vive reconnaissance.

— La reconnaissance, c'est la peur... Jamais le fort n'est reconnaissant envers le faible; quand le faible l'est envers le fort, c'est qu'il tremble.

— Cependant, Mohana, le souvenir des bienfaits est une vertu de tous les pays.

— Je ne te comprends pas, et, dans tous les cas, est-ce que toutes ces créatures qui s'agitent autour de moi ne me doivent pas de la gratitude? Je pourrais les tuer, j'en ai le droit, je suis leur roi, leur roi absolu, j'ai pleine puissance; je n'en use pas, ils vivent, ils mangent, ils dorment.

— Mohana, il me semble que tu gagnerais beaucoup plus à montrer ta bonté que ton pouvoir : essayes-en.

— Tu es fou, Européen; si je m'avisais de descendre une seule fois, ils ne lèveraient plus la tête pour me regarder et je serais perdu.

— Je parie bien que tu n'oserais pas dire ces paroles devant eux.

— Si elles m'échappaient, je leur donnerais à l'instant même un énergique démenti, et malheur à ceux qui seraient à portée de ma main et de mon bâton de roi !

— Me ferais-tu grâce? lui dis-je en reprenant son bras que j'avais quitté.

Mohana s'assit sans me répondre; puis, m'indiquant une place à ses côtés, il s'endormit bientôt du plus profond sommeil. Ce n'était pas le sommeil du lion, mais celui du tigre; ses doigts s'agitaient convulsivement, ses lèvres frémissaient, et il articulait des sons rauques et caverneux qu'on eût dit s'échapper d'une poitrine de bronze.

Soit qu'il dorme, soit qu'il veille, Mohana me paraît bien choisi pour être roi de ces peuples, qui placent la vigueur des muscles au-dessus de l'intelligence, et le courage au-dessus de l'humanité; ils ne comprendraient guère leur roi faisant grâce à un coupable. Quand l'arrêt est porté, soyez sûrs que l'exécution aura lieu.

Je savais, au surplus, que Mohana avait vu l'Europe, qu'il était allé en Angleterre, et qu'il nourrissait contre les citoyens de la Grande-Bretagne une haine implacable. Là-bas, à Londres, ceux qui l'avaient amené le présentèrent partout

comme une bête fauve, comme une pièce curieuse,
et il eut horriblement à souffrir de cette exhibi-
tion quotidienne, contre laquelle il aurait alors
vainement protesté.

A son réveil, je lui parlai de son voyage ; mais,
après les premiers mots, je compris que je ne
devais pas aller plus loin. Jamais le tigre n'a
rauqué d'une façon plus menaçante. Je me tins
pour averti.

Voulez-vous encore un trait de la vie de ce
Mohana, que j'étudie avec une sorte de terreur ?
Écoutez : c'est court, mais décisif.

Opé-Wahiné, grand chef des Acapouas, ne
cessait de se montrer hostile à nos projets de co-
lonisation, et recevait avec une extrême répu-
gnance ceux de nos nationaux que leurs études ou
les besoins du service appelaient dans son district.

Déjà plusieurs fois le commandant de la station s'était plaint de son mauvais vouloir ; mais
Opé-Wahiné ne tenait nul compte de nos aver-
tissements ou de nos menaces, et répondait aux
envoyés officiels qu'ils eussent à se mêler de leurs
affaires.

Il fallait en finir avec cet audacieux, et, un
beau matin, deux courriers lui portèrent l'ordre
de rallier le camp.

— Que me veut-on ? demanda Opé-Wahiné
d'un ton décidé.

— On le le dira quand tu auras obéi.

— En ce cas, on ne me le dira jamais : car bien certainement je n'obéirai pas.

— Prends-y garde, nos balles vont vite.

— Mes casse-tête sont plus durs que vos crânes.

— C'est ta dernière réponse ?

— C'est ma dernière réponse.

— Adieu.

Comptant sur une résolution plus sage, le commandant de Taïhahoë envoya de nouveaux émissaires vers Opé-Wahiné, qui ne les reçut pas mieux que les précédents, et que leur courage seul sauva des pièges qui leur avaient été tendus.

La guerre était donc bien près d'éclater ; Mohana en fut prévenu. Il vint à nous, et nous dit que si nous lui en donnions l'autorisation verbale, il se faisait fort de nous amener Opé-Wahiné... Ses offres furent acceptées avec reconnaissance, et Mohana partit, escorté seulement de son fusil et de son audace.

— Que viens-tu faire ici ? lui demanda Opé-Wahiné, en ce moment accroupi sur le sable du rivage et loin de sa case.

— Te porter les ordres des Français.

— J'ignorais qu'un roi kanak pût se faire courrier ; est-ce que Mohana abdiquerait sa puissance ?

— Mohana est en ce moment messager de
paix; il l'apporte les vœux de ses alliés : pourquoi ne veux-tu pas leur obéir?

— Pourquoi leur obéis-tu?

— Je traite avec eux d'égal à égal.

— Mohana, ils ne tarderont pas à t'écraser du
pied.

— Crois-tu que ce soit si facile? crois-tu que
j'aie cessé d'être roi parce que je suis leur ami?

— Oui, Mohana, je le crois; mais puisque tu
mets tant d'instance dans tes prières, je veux
bien me rendre à Taïhahoë. Viens, suis-moi
d'abord dans ma case.

— Je le veux bien, marchons côte à côte.

Mohana prétend aujourd'hui qu'Opé-Wahiné
voulait lui tendre un piège et le faire immoler
dès qu'il serait arrivé au village. Ce n'est là
qu'une supposition; les preuves manquent à
Mohana, et, selon nous, ce roi est un bandit.

Lui et Opé-Wahiné arrivèrent à un sentier
qui n'offrait de passage que pour un seul; ils
furent obligés de marcher l'un après l'autre.
Mohana se fit précéder, et, mettant Opé-Wahiné
en joue, il l'étendit roide mort à ses pieds.

— Me voici, dit-il au chef de notre station
d'un air triomphant.

— Opé-Wahiné viendra-t-il enfin?

— Il ne viendra pas, je le lui ai défendu.

— Que veux-tu dire?

— Je l'ai tué; il était devant moi à quatre pas, et je vise à merveille.

Eh bien! que fit-on pour châtier cet acte de brigandage? On enleva le petit pavillon qui flottait sur la case de Mohana, et on le priva pendant quelques jours de ses autres insignes. Cela s'appelle-t-il de la justice? Non, sans doute. En Chine, quand un mandarin a forfait à l'honneur, on lui arrache le bouton de son chapeau, et là-bas cet acte de sévérité est regardé comme plus flétrissant que la strangulation.

Mais ici, qu'importait à Mohana qu'on lui enlevât son pavillon, puisqu'il ne perdait rien de sa puissance, puisqu'il se promenait en toute liberté, puisqu'il pouvait encore essayer ses balles contre un dos ou une poitrine d'homme?

Tôt ou tard, vous le verrez, cet acte inouï de coupable clémence portera ses fruits amers : Mohana fera parler de lui, et il y aura du sang entre sa case et le blockhaus d'où nous lui enverrons nos ordres... Prenez acte.

Les principaux détails de la vie de ce bandit, je ne les appris qu'à Papéété. Si je les eusse connus plus tôt, je crois que lui et moi nous aurions eu à vider quelques sérieux différends, tout aveugle que je suis, tout roi qu'il est.

Le père Dordillon est l'intime ami de Mohana,

et le frère Alexis le sert à table avec une attention toute particulière... Que voulez-vous que j'y fasse?

J'aurais désiré étudier plus longtemps que je ne l'ai fait cette figure de roi, sous laquelle tremble Nouhiva la Farouche; et cependant avec des natures telles que celle dont il m'est permis d'ébaucher quelques traits, rien de sérieux n'échappe à l'observateur attentif, tout fugitifs qu'ont été les instants passés à les disséquer.

La qualité dominante de ces peuples, alors qu'ils se mettent en contact avec nous, c'est l'hypocrisie. Dès que vous êtes prévenu, prenez le contre-pied de toutes leurs paroles, et vous serez dans la vérité. Malheur à vous si vous faites la plus légère concession! Ils la regardent comme une pusillanimité; ils deviennent alors insolents, et la balle seule a le pouvoir de donner gain de cause à votre logique d'honnête homme.

Mohana, cependant, m'a semblé plus hardi, plus franc dans ses actions comme dans ses paroles. Il a soumis les Kanaks, ses plus farouches ennemis, et dès ce jour il se croit invincible.

— Que ferais-tu, lui demandai-je hier, si nous te déclarions la guerre?

— Je vous tuerais, je vous mangerais.

— Tu sais qu'on ne nous tue pas comme on veut?

— Je sais que nous ne visons pas mal, que

les balles trouent vos corps comme les nôtres, et
que si vous avez vos citadelles pour vous défendre, nous avons nos forêts et nos montagnes
où vous n'osez pas nous suivre. La chair blanche
est excellente, poursuivit-il avec un geste de
gloutonnerie très-expressif; croyez-moi, restons
amis, et ne nous mettez pas de nouveau en appétit. On se lasse vite des bananes, quand on a
de la chair de chrétien à manger.

J'aurais voulu voir la figure de Mohana quand
il prononça ces paroles énergiques; elle devait
être gracieuse comme un ange de l'Albane.

— Qu'aimes-tu mieux, demandai-je étourdi-
ment à Mohana, de la chair d'homme ou de la
chair de femme?

— Je n'ai jamais mangé de la chair de femme,
me répondit-il après un instant de réflexion,
pendant lequel, sans doute, il interrogeait ses
souvenirs.

— La chair d'homme, continuai-je, la trouves-tu meilleure que celle d'enfant?

— C'est selon mon appétit.

Cette réponse me fut faite d'un ton si brusque,
si sauvage, qu'elle imposa silence à ma curiosité
trop pressante, et je quittai Mohana avec l'intention de ne plus le revoir.

Je ne sais si je me trompe, mais il me semble
que cet homme sera un jour fatal à la colonie.

Vainqueur des Happas et des Mitokas, il peut les associer à sa cause et fondre comme un vautour sur nos gens pris au dépourvu.

Qu'on veille bien sur lui, qu'on l'étudie dans toutes ses démarches, qu'on le grise quelquefois, souvent même, pour apprendre ses projets; ou, je le répète, une longue rigole de sang dira aux nouveaux venus la route à suivre pour aller de Taïhahoë à la case de Mohana.

Le passé est prophète de l'avenir.

Si vous versez à boire au Mohana des Marquises, ne vous arrêtez pas en chemin; versez encore, versez toujours, l'humanité vous en fait une loi. Plus vous transvaserez de liqueur d'un baril dans une cruche, la cruche Mohana, plus vous aurez acquis de droits à la reconnaissance de ses sujets, car les fureurs du monarque tatoué s'exhalent en raison inverse de la quantité du liquide absorbé. Règle générale : Mohana gai, deux hommes et une femme assommés; Mohana gris, un seul homme, une seule femme gisent sans vie sur la grève; Mohana ivre mort, les Nouhiviens respirent, la prostration de Mohana les sauve du massacre...

Tiens, Mohana, je te méprise encore plus que je ne te hais; car tu es venu chez nous, tu t'es frotté à notre civilisation, et je suis sûr que tu as le sentiment de tes crimes.

Mais je te quitte pour un autre; cet autre c'est un rival de ta puissance.

Étudions-le...

Au reste, gardez-vous de croire que Mohana soit un méchant homme, qu'il ait un cœur gangrené; Mohana ne tue jamais par haine ou par colère, c'est par distraction, par désœuvrement; il tue comme l'enfant fait des ricochets sur l'eau avec sa pierre plate, comme la jeune fille fait courir son cerceau, comme nous décapitons les épis ou les chardons qui bordent la route... Voilà tout; il ne faut pas calomnier Mohana.

Par exemple, il tue aussi parfois un Français, un Anglais, un Espagnol, mais seulement... quand il a faim ou qu'il veut se mettre en appétit.

Est-ce sa faute, à lui, si son estomac demande un peu de pâture? En vérité, nous ne savons pas comprendre Mohana, puisque nous jetons le blâme ou lançons l'anathème sur une nature si privilégiée.

Lorsque Mohana de suave mémoire a brisé un crâne et couché roide mort un homme sur la plage, il lave son bâton de chef, quand il ne le lèche pas... Trouvez autre part une plus exquise propreté...

A défaut d'essences et de parfums, Mohana, roi des Marquises, a du sang pour purifier ses mains.

Il n'existe pas dans tout l'archipel un seul fabricant d'eau de Cologne, et vous seuls êtes coupables de lèse-humanité, en ne venant point vous établir dans la rade houleuse de Taïhahoë.

Une chose encore m'étonne et m'indigne : c'est que des êtres taillés sur le modèle du Mohana tropical trouvent des hommes pour la distraction de leurs jours, et des femmes pour les joies de leurs nuits. C'est que pas un bras ne se lève, pas un casse-tête ne tournoie pour les arrêter dans leur élan de cannibales.

Chez nous, peuple civilisé, quand des ours descendent de leurs montagnes et menacent nos hameaux, quand des loups affamés se ruent autour de nos bergeries, on s'arme à la hâte, on traque l'ennemi, on fait feu, on le disperse, on le tue, on a cru accomplir un devoir.

Ici, un Mohana de malheur sort de sa case ; il est à jeun, il trouve sous sa main, à portée de son bâton de chef, une jeune fille assoupie à l'ombre d'un bananier... Mohana dîne, et la jeune fille passe d'un sommeil dans un autre, sans que son père ose demander où sont ses ossements, ni qui les a privés de leur chair.

FIN DU DEUXIÈME VOLUME.

TABLE DES MATIERES

ENFIN.

DÉPART DU CHILI.

LES MARQUISES.

LE ROI MOHANA.

FIN DE LA TABLE.

BIBLIOTHÈQUE FRANCO-BELGE.

COLLECTION HETZEL.

PUBLIÉE PAR

KIESSLING, SCHNÉE et Cie, rue Villa Hermosa, 1.

Nouvel in 32 diamant; très jolies éditions de luxe et à très bon marché, imprimées sur beau papier par **A. LABROUE et Cie**, avec caractères fondus expressement pour la collection — Un ou deux volumes par quinzaine.

OUVRAGES ENTIÈREMENT INÉDITS

des meilleurs écrivains français et belges, imprimés et publiés à Bruxelles avant toutes publications antérieures, et déposés, *au vœu de la loi et dans toutes les conditions de la loi qui régit la* propriété littéraire en Belgique.

RÉIMPRESSIONS

Autorisées par les auteurs ou leurs ayants droit, pour la Belgique et l'étranger.

Ces réimpressions seront choisies parmi les ouvrages que leur succès aura consacrés.

www.ingramcontent.com/pod-product-compliance
Lightning Source LLC
Chambersburg PA
CBHW071947090426

42740CB00011B/1850